書くだけでやせる

Beauty diet note

_{管理栄養士} 岩﨑啓子

永岡書店

キレイを呼びこむ♪ 今月のBeautyルール

とにかく食事を記録しよう
毎日の食生活を見直そう
絶対キレイになる！とイメトレしよう
カロリーコントロールを意識しよう
いろいろなダイエットのいいとこどりをしよう
野菜をたっぷり食べてキレイに痩せよう
痩せる食べ方をマスターしよう
食物繊維の力を味方につけよう
"ちょい手間"で速攻カロリーダウンしよう
体内周期を知って停滞期を乗り切ろう
日常生活の中で筋トレしよう
軽めのウォーキングでリフレッシュしよう

introduction
はじめに

このノートは、あとほんの少し痩せて、
美しさを今よりもアップグレードさせたい！ と願っている
女性のために贈るノートです。
ちまたには、じつにさまざまなダイエット情報が
あふれていますが、自分にあうダイエット方法は、
体質やライフスタイルによって人それぞれ違うもの。
そして、どんなに痩せたくても、
人は生きていくために食べることをやめられません。
だからまずは、自分のライフスタイルを見つめ直し、
ダイエットの基本となる食生活を、自分自身でしっかりと
把握することが大切です。
毎日食べたものを記入し、管理することで、
これまでの食生活がきちんと見直されれば、
無理なく、確実にウエイトダウンができます。
さらに自分の体に自然と意識が向けられるようになり、
細やかなセルフケアができるようになります。
ダイエット＝体重を落とすだけでなく、
キレイになった自分をイメージしていくことで、
その理想に近づくための、健康的なライフスタイルを
手に入れることも可能です。
さあ、まずは書き込むことからはじめ、
どんどん美しくなる未来の自分をイメージしながら、
ダイエットを楽しくスタートさせましょう。

haPpy diet
キレイになるために

1 ***
目標を持つ

「痩せたら欲しかった服を買う」、「好きな人に告白する」など
ダイエットが成功したらやりたいことを具体的に思い描きましょう。
動機を明確にすることが、ダイエットを継続させるコツです。

2 ***
他人と自分を比べない

自分にあうダイエット方法が人それぞれであるように、
美しさの基準は人によって異なります。
誰かの価値観にあわせるよりも、自分の価値観を見いだして、
達成感や幸福感を味わいましょう。

3 ***
ストレスの発散方法を見つける

ストレスは美容の最大の敵。とくにダイエット時は、
暴飲暴食、不十分な睡眠を誘発し、体調不良を起こすことも。
好きな音楽を聴いてリラックスするなど
自分なりのストレス発散方法を見つけておきましょう。

4 ***
美意識を持つ

美しくあるための意識を、つねに頭の片隅に置いておくと効果的。
人の目に、自分がどう映っているかを想像してみましょう。
仕草や振る舞い、背筋の伸び方だってきっと違ってきます。

5 ***
自分を好きになる

好きな人にやさしくしてあげたい、と思うように、
自分を好きになれば、美しくなる努力も決して苦にはならないはず。
日々がんばっている自分をいたわり、
かわいがってあげることが大切です。

target

私 の 目 標

ダイエットを成功させるため、
自分なりに決めた目標を書き出してみましょう。

目標体重	kg

*

*

*

*

*

*

*

*

*

*

*

*

*

*

*

本書の使い方

毎日の食事を記録しよう！
見開きで1週間分の食事内容が記録できます。

step 1
まずは食べたものと体重を記入
なにを食べた後、体重が増えたのかなど、自分の食生活を見直しましょう。

step 2
慣れてきたら摂取カロリーもメモ
1日にどれくらいのカロリーを摂取しているのかをチェックしましょう。

3食以外のことはここに記入！
おやつを食べた場合は、時間もメモしておくと便利です。運動内容や、その日に感じたことなど、自由に使ってください。

体重変化を記録しよう！
1ヶ月の体重変化をメモしましょう。生理日も記録すると体のリズムもチェックできます。

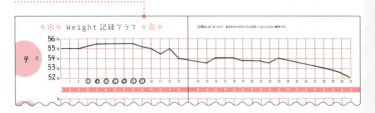

本書はダイエットしてキレイになりたい！
と願っている女性に贈るノートです。
毎日食べたものを記入し管理することで、
どんどんキレイになる
自分を確認していきましょう。

巻末 check！
巻末のカロリー表は外食時などに使ってください。どんな食べ物がどれくらいのカロリーなのか、目安になります。

キレイになるための情報をギュッと凝縮！
月初めや、各週の食事記録ページには、キレイになるためのダイエット情報がまとめられています。ぜひチャレンジしてみて。

未来のハッピーイベントに向けてダイエット！
将来のイベント予定を書き込んでダイエットのモチベーションを高めましょう。目標体重を達成できたら、がんばった自分へのご褒美も忘れずに。そうすることで楽しくダイエットを続けることができます。

月

キレイを呼びこむ♪　今月のBeautyルール

とにかく
食事を記録しよう

このノートは、記録式ダイエットのためのノートです。記録式ダイエットとは、自分が食べたものを、食べるたびにノートに記録することで、食事の内容、間食、摂取カロリーを自覚し、食生活の改善につなげるというきわめてシンプルなダイエット法です。

　記録式ダイエットのメリットは、毎日コツコツと食事内容を書きこむだけで食生活に敏感になり、意識改革ができること。最初から規制があったり、我慢を強いるダイエットではない分、ストレスが少なく、継続しやすいところが魅力です。ただ、食べたものの記録は、食べた直後に書くほうが効果的。または食べる前にメニューだけを書いておくのも方法です。「あまり食べてないのに太った……」と思ったことはありませんか?

未来のHappy Event

日付	Happy Event	目標体重	自分へのご褒美
／		kg	
／		kg	
／		kg	
／		kg	

　これは、実際の食行動と意識に微妙なズレが生じてしまい、食べたものをあとで思い出しても、正確な記録ができるとはかぎらないからです。けれど、もし記入を忘れても大丈夫。次の食事からまた書けばいいだけ。シンプルに考えればいいのです。

　記録式ダイエットとは、食生活による体重の増減の理由を明確にする作業です。太ることにはすべて原因があるのです。だからその原因を見つけ、改善するだけで人は必ず痩せられます。記録することで、食習慣を客観的に見られるようになれば、カロリーだけでなく、栄養バランスもフォローできる食生活が自然と身についていくはず。いつしかボディコントロールも思いのままとなり、美しさをキープできるようになります。

現在		目標		目標達成まであと	
体重	kg	体重	kg	体重	kg
B	cm	B	cm	B	cm
W	cm	W	cm	W	cm
H	cm	H	cm	H	cm

月 　　　　　ダイエットスタートから　　week 目

日（　　）	日（　　）	日（　　）	日（　　）
体重　　　　kg	体重　　　　kg	体重　　　　kg	体重　　　　kg
体脂肪　　　%	体脂肪　　　%	体脂肪　　　%	体脂肪　　　%
ben　　有・無	ben　　有・無	ben　　有・無	ben　　有・無

朝

（　：　）　（　：　）　（　：　）　（　：　）

昼

（　：　）　（　：　）　（　：　）　（　：　）

夜

（　：　）　（　：　）　（　：　）　（　：　）

その他

日( )	日( )	日( )
体重　　　kg	体重　　　kg	体重　　　kg
体脂肪　　　%	体脂肪　　　%	体脂肪　　　%
ben　有・無	ben　有・無	ben　有・無
(:)	(:)	(:)
(:)	(:)	(:)
(:)	(:)	(:)

Beauty memo

栄養バランスが抜群
理想の食事は"和食"

ダイエットをするならまず、「基本は和食」を習慣づけましょう。和定食を例にとってもわかるように、ごはん、みそ汁、肉または魚、野菜と、栄養バランスは申し分なし。洋食に比べ、少量の油で調理できるものが多く、低カロリー。根菜、こんにゃく、海藻など、噛みごたえがある食材も多く使われ、満足度の高さも魅力です。

月

ダイエットスタートから　week 目

	日（　　）	日（　　）	日（　　）	日（　　）
	体重　　　　kg	体重　　　　kg	体重　　　　kg	体重　　　　kg
	体脂肪　　　％	体脂肪　　　％	体脂肪　　　％	体脂肪　　　％
	ben　　有・無	ben　　有・無	ben　　有・無	ben　　有・無
朝	（　：　）	（　：　）	（　：　）	（　：　）
昼	（　：　）	（　：　）	（　：　）	（　：　）
夜	（　：　）	（　：　）	（　：　）	（　：　）
その他				

日（　）	日（　）	日（　）
体重　　　kg	体重　　　kg	体重　　　kg
体脂肪　　％	体脂肪　　％	体脂肪　　％
ben　有・無	ben　有・無	ben　有・無
(　：　)	(　：　)	(　：　)
(　：　)	(　：　)	(　：　)
(　：　)	(　：　)	(　：　)

Beauty memo

白米オンリーより
玄米、雑穀米に注目

白米だけよりも、玄米のほうが噛みごたえがあるため、少量でも満腹感を得やすいごはんになります。玄米100％が苦手な人は、白米に混ぜるだけでも効果があるのでおすすめ。その他、麦やきびなどの雑穀を加えてもOK。食物繊維量や栄養バランスが上がることで、ただの白いごはんよりも、ぐんとダイエット向きの主食になります。

月　　　　　　ダイエットスタートから　　week 目

日（　　）	日（　　）	日（　　）	日（　　）
体重　　　　　kg	体重　　　　　kg	体重　　　　　kg	体重　　　　　kg
体脂肪　　　　％	体脂肪　　　　％	体脂肪　　　　％	体脂肪　　　　％
ben　　有・無	ben　　有・無	ben　　有・無	ben　　有・無

朝

（　：　）　（　：　）　（　：　）　（　：　）

昼

（　：　）　（　：　）　（　：　）　（　：　）

夜

（　：　）　（　：　）　（　：　）　（　：　）

その他

日 ( )	日 ( )	日 ( )
体重　　　kg	体重　　　kg	体重　　　kg
体脂肪　　％	体脂肪　　％	体脂肪　　％
ben　有・無	ben　有・無	ben　有・無
(:)	(:)	(:)
(:)	(:)	(:)
(:)	(:)	(:)

Beauty memo
健康、美容のためにも油と上手につきあおう

カロリーを気にするあまり、ダイエット＝油抜きと思いこみがちですが、消化、吸収にも時間がかかる油は逆を言えば腹持ちがいい調味料。種類を選んで上手に摂取すれば、むしろダイエットの味方に。オリーブオイルやごま、大豆などの植物性オイルを選び、1日大さじ1杯はとりましょう。ダイエット時の肌荒れにも効果があります。

月　　　　　　　　　　　　　ダイエットスタートから　　week 目

日（　　）	日（　　）	日（　　）	日（　　）
体重　　　　　kg	体重　　　　　kg	体重　　　　　kg	体重　　　　　kg
体脂肪　　　　%	体脂肪　　　　%	体脂肪　　　　%	体脂肪　　　　%
ben　　有・無	ben　　有・無	ben　　有・無	ben　　有・無

朝
（　：　）　（　：　）　（　：　）　（　：　）

昼
（　：　）　（　：　）　（　：　）　（　：　）

夜
（　：　）　（　：　）　（　：　）　（　：　）

その他

日（　）	日（　）	日（　）
体重　　　　kg	体重　　　　kg	体重　　　　kg
体脂肪　　　％	体脂肪　　　％	体脂肪　　　％
ben　有・無	ben　有・無	ben　有・無
（　：　）	（　：　）	（　：　）
（　：　）	（　：　）	（　：　）
（　：　）	（　：　）	（　：　）

Beauty memo

朝・昼・晩と1日3食 正しい食サイクルのすすめ

1日2食になると、体は1食抜いた分の栄養を2食で補おうとします。栄養バランスがくずれるのはもちろん、食事と食事の時間が空くことで空腹感が強まり、かえって食べ過ぎてしまうことにも。だから朝食、昼食はしっかりとり、代謝の活発な日中にエネルギーを消費し夕食は控えめに。規則正しい食サイクルを心がけましょう。

月　　　　　　　　　　　　　ダイエットスタートから　week 目

日（　）	日（　）	日（　）	日（　）
体重　　　kg	体重　　　kg	体重　　　kg	体重　　　kg
体脂肪　　　%	体脂肪　　　%	体脂肪　　　%	体脂肪　　　%
ben　　有・無	ben　　有・無	ben　　有・無	ben　　有・無

朝

（　：　）　（　：　）　（　：　）　（　：　）

昼

（　：　）　（　：　）　（　：　）　（　：　）

夜

（　：　）　（　：　）　（　：　）　（　：　）

その他

日( )	日( )	日( )
体重　　　　kg	体重　　　　kg	体重　　　　kg
体脂肪　　　　%	体脂肪　　　　%	体脂肪　　　　%
ben　有・無	ben　有・無	ben　有・無
(:)	(:)	(:)
(:)	(:)	(:)
(:)	(:)	(:)

Beauty memo

早食いはダイエットの敵！
ひと口30回は噛む習慣を

「おなかがいっぱい」のサインは、脳の満腹中枢が、血糖値に刺激されて起こります。満腹中枢が血糖値の上昇を感知するまでに約15分かかるとされていますが、早食いの人は脳が満腹サインを感じとる前に量を食べてしまい、つい過食傾向に……。よく噛むことは早食いを防止します。ひと口につき30回を目安に、食事はゆっくり味わって。

月

キレイを呼びこむ♪　今月のBeautyルール

毎日の食生活を
見直そう

健康的にキレイに痩せるためには、体の機能を正常に働かせるための
バランスよい食生活を送ることが基本です。面倒なカロリー計算を
しなくても、野菜を毎食たっぷりとる、油の摂取量を極力抑える、炭水化
物ばかり食べ過ぎないなど、いくつかのポイントをきちんと押さえておけば、
摂取カロリーは抑えられ、必ず痩せることができます。

　ただ、食べない極端なダイエット法は、健康を害する恐れがあることは
もちろん、まず持続しません。なぜなら、ダイエットは体重を落としたら
それで終わりではないからです。リバウンドしないために、その体重をキ
ープしていくことが大切です。ですから、栄養バランスが整ったヘルシー
な食生活を送れるようになることが重要になります。規則正しい食生活を
長続きさせ、無理のないウエイトダウンを目指しましょう。

未来のHappy Event

日付	Happy Event	目標体重	自分へのご褒美
／		kg	
／		kg	
／		kg	
／		kg	

基本ダイエットメニューの組み方

栄養バランスが最もとりやすい組み合わせは　**主食** ＋ **主菜** ＋ **副菜2** ＋ **汁物**　の定食スタイル

主食　ダイエットでは敬遠されがちなごはんやパンも、体には重要なエネルギー源です。とくにごはんは腹持ちがよいので、間食を抑えられる利点もあります。

主菜　メインディッシュは肉や魚など、主に血液や筋肉を作るためのたんぱく質が豊富なメニューを中心にして。朝は卵、昼は魚、夜は肉というように、1日の中でも異なる食材を数種類摂取しましょう。

副菜　野菜、大豆製品、海藻類など、体の機能を整えるビタミン、ミネラル、食物繊維を摂取できるおかずがベスト。食材そのものがローカロリーなものも多いため、満腹感を得ながらのウエイトダウンが期待できます。

汁物　みそ汁では良質なたんぱく質、牛乳を使ったスープ類ではカルシウムを摂取できます。バリエーション豊かな具材で、さらに栄養価をアップしながら、減塩にする工夫も大切です。

	現在		目標		目標達成まであと
体重	kg	体重	kg	体重	kg
B	cm	B	cm	B	cm
W	cm	W	cm	W	cm
H	cm	H	cm	H	cm

日（　）	日（　）	日（　）
体重　　　kg	体重　　　kg	体重　　　kg
体脂肪　　％	体脂肪　　％	体脂肪　　％
ben　有・無	ben　有・無	ben　有・無
(　：　)	(　：　)	(　：　)
(　：　)	(　：　)	(　：　)
(　：　)	(　：　)	(　：　)

Beauty memo
野菜不足に陥りがちな外食は"もう1品"を追加

外食が続くと、思うように野菜をとれないと感じることが多いもの。そんな時は、野菜が主役のメニューを1品追加するように心がけるとよいでしょう。コンビニ食や市販のお弁当を食べる時も同様。ほうれん草のごま和えやきんぴらごぼう、ひじきの煮物など、野菜のお惣菜が加われば、食物繊維量も、栄養バランスの値も簡単にアップ。

月　　　　　　　　　　ダイエットスタートから　　week目

日（　　）	日（　　）	日（　　）	日（　　）
体重　　　kg	体重　　　kg	体重　　　kg	体重　　　kg
体脂肪　　　%	体脂肪　　　%	体脂肪　　　%	体脂肪　　　%
ben　有・無	ben　有・無	ben　有・無	ben　有・無

朝

（　：　） | （　：　） | （　：　） | （　：　）

昼

（　：　） | （　：　） | （　：　） | （　：　）

夜

（　：　） | （　：　） | （　：　） | （　：　）

その他

日( )	日( )	日( )
体重　　　　kg	体重　　　　kg	体重　　　　kg
体脂肪　　　%	体脂肪　　　%	体脂肪　　　%
ben　有・無	ben　有・無	ben　有・無
(:)	(:)	(:)
(:)	(:)	(:)
(:)	(:)	(:)

Beauty memo
味方につけたいのは腹持ちのいい"ごはん"

炭水化物抜きダイエットの影響で「ごはんは太る元」と、まだ思っている人はいませんか？　6枚切りの食パン1枚と、ごはん軽く1膳はほぼ同じカロリーですが、お米は消化吸収に時間がかかる分、腹持ちがよく、よく噛んで食べれば、少しの量でも満腹感が得られます。白米に雑穀を混ぜて炊けば、さらにダイエット効果が期待できます。

月

ダイエットスタートから　week 目

日（　）	日（　）	日（　）	日（　）
体重　　　　kg	体重　　　　kg	体重　　　　kg	体重　　　　kg
体脂肪　　　%	体脂肪　　　%	体脂肪　　　%	体脂肪　　　%
ben　　有・無	ben　　有・無	ben　　有・無	ben　　有・無

朝

（　：　）　（　：　）　（　：　）　（　：　）

昼

（　：　）　（　：　）　（　：　）　（　：　）

夜

（　：　）　（　：　）　（　：　）　（　：　）

その他

日（　）	日（　）	日（　）
体重　　　kg	体重　　　kg	体重　　　kg
体脂肪　　％	体脂肪　　％	体脂肪　　％
ben　有・無	ben　有・無	ben　有・無
(　：　)	(　：　)	(　：　)
(　：　)	(　：　)	(　：　)
(　：　)	(　：　)	(　：　)

Beauty memo
具だくさんの汁物で手早く満腹感をアップ

水分でお腹がふくらみ、満腹感が得やすい汁物。過食を抑えるだけでなく、体を温め、代謝を上げやすくするので、みそ汁でもスープでも、食事の時はメニューに加えて汁物から食べ始めるのがおすすめです。とくに豚汁やミネストローネスープなど、野菜を具材としてたっぷり使った汁物は、栄養バランスもよく、低カロリーです。

月 　　　　　　　　　　ダイエットスタートから　　week 目

	日（　　）	日（　　）	日（　　）	日（　　）
	体重　　　　kg	体重　　　　kg	体重　　　　kg	体重　　　　kg
	体脂肪　　　％	体脂肪　　　％	体脂肪　　　％	体脂肪　　　％
	ben　有・無	ben　有・無	ben　有・無	ben　有・無
朝	（　：　）	（　：　）	（　：　）	（　：　）
昼	（　：　）	（　：　）	（　：　）	（　：　）
夜	（　：　）	（　：　）	（　：　）	（　：　）
その他				

日( )	日( )	日( )
体重　　　kg	体重　　　kg	体重　　　kg
体脂肪　　　%	体脂肪　　　%	体脂肪　　　%
ben　有・無	ben　有・無	ben　有・無
(:)	(:)	(:)
(:)	(:)	(:)
(:)	(:)	(:)

Beauty memo

アンチエイジングに効く油とビタミンの関係

ビタミンEは、血液の流れをスムーズにし、老化防止に効果があります。皮膚の新陳代謝を高めたり、貧血予防にもよいので、とくに女性は積極的に摂取したいビタミンのひとつ。そのビタミンEを多く含むのは、ひまわり油、コーン油などの植物性オイル。美容のためにも、ダイエットの時こそ油を上手に摂取したいものです。

月   ダイエットスタートから   week 目

日 ( )	日 ( )	日 ( )	日 ( )
体重 kg	体重 kg	体重 kg	体重 kg
体脂肪 %	体脂肪 %	体脂肪 %	体脂肪 %
ben 有・無	ben 有・無	ben 有・無	ben 有・無

朝

(:)   (:)   (:)   (:)

昼

(:)   (:)   (:)   (:)

夜

(:)   (:)   (:)   (:)

その他

日( )	日( )	日( )
体重　　kg	体重　　kg	体重　　kg
体脂肪　　%	体脂肪　　%	体脂肪　　%
ben　有・無	ben　有・無	ben　有・無
(:)	(:)	(:)
(:)	(:)	(:)
(:)	(:)	(:)

Beauty memo

魚を食べるなら白身 低カロリーな食材選びを

一般的に、肉より魚のほうがカロリーは低め。けれど、いわしやさば、ぶりやまぐろなど、脂が乗っていると表現される魚は、比較的カロリーが高めであると覚えておいて。魚を食材に選ぶときは、脂肪分が少なく、良質なたんぱく質が豊富な白身がおすすめ。または、血中のコレステロール値を下げるタウリンを含むエビ、イカ類が◎。

月

キレイを呼びこむ♪　今月のBeautyルール

絶対キレイになる！と
イメトレしよう

ダイエットに成功する人、しない人の違いはどこにあると思いますか？ずばり「なりたい私」をイメージできる人、できない人の違いです。なぜなら、「キレイになった私」をうまく心に描ける人は、日頃から「どうしたら理想の自分に近づけるのか？」をとてもよく考えています。そしてイメージすることで、なりたい私に近づけるよう、秘かに努力しているのかもしれません。反対にダイエットに成功しない人は、「痩せたい」といいながらも心のどこかで「このままでもいいかも」、と自分を許しているはず。ダイエットも続かないことが多いものです。

　人の体と心はつながっています。自分の思いに、体はとてもよく反応します。だからイメージすることで、普段自分では気づいていない"潜在意識"に働きかけることが、じつはダイエット成功のポイントなのです。

✻ ✻ 未来のHappy Event ✻

日付	Happy Event	目標体重	自分へのご褒美
／		kg	
／		kg	
／		kg	
／		kg	

　このノートで、記録式ダイエットを始めると同時に、ダイエットに成功した自分を思い描くクセを身につけることを始めましょう。さらに、頭でイメージするだけでなく、「自分は必ずキレイになる、必ず痩せる」と口に出してみるのも効果的です。自分に対して、前向き、肯定的なことをはっきりと口にすることで、より強く潜在意識にアプローチできるからです。

　逆をいえば、否定的な言葉にも、体は敏感に反応します。「たくさん食べたから太っちゃうかも、ちっとも痩せない」など、ネガティブな思いこそダイエットの天敵。失敗や挫折を不安に思うことはありません。つねに「もっともっと」と、美意識にどん欲でありさえすれば、必ずダイエットは成功するし、人は確実に美しく変化します。毎日のイメージトレーニングで、誰もがダイエットの勝者になれるのです。

現在		目標		目標達成まであと	
体重	kg	体重	kg	体重	kg
B	cm	B	cm	B	cm
W	cm	W	cm	W	cm
H	cm	H	cm	H	cm

月   ダイエットスタートから   week 目

	日（ ）	日（ ）	日（ ）	日（ ）
	体重 kg	体重 kg	体重 kg	体重 kg
	体脂肪 %	体脂肪 %	体脂肪 %	体脂肪 %
	ben 有・無	ben 有・無	ben 有・無	ben 有・無
朝	（ ： ）	（ ： ）	（ ： ）	（ ： ）
昼	（ ： ）	（ ： ）	（ ： ）	（ ： ）
夜	（ ： ）	（ ： ）	（ ： ）	（ ： ）
その他				

日( )	日( )	日( )
体重　　　kg	体重　　　kg	体重　　　kg
体脂肪　　　%	体脂肪　　　%	体脂肪　　　%
ben　有・無	ben　有・無	ben　有・無
(:)	(:)	(:)
(:)	(:)	(:)
(:)	(:)	(:)

Beauty memo
外食もおやつも変換法で上手に食べる

変換法とは、同じようなメニューでも、よりカロリーの少ないものを選択する方法。たとえばナポリタンならトマトソーススパゲティ、アイスクリームならシャーベットと、極力カロリーの低いものを選び、食べたい欲求は満たすのがポイント。我慢ばかりでは続かないのがダイエット。時には工夫して、外食やおやつも楽しみましょう。

日（　）	日（　）	日（　）
体重　　　　kg	体重　　　　kg	体重　　　　kg
体脂肪　　　％	体脂肪　　　％	体脂肪　　　％
ben　有・無	ben　有・無	ben　有・無
（　：　）	（　：　）	（　：　）
（　：　）	（　：　）	（　：　）
（　：　）	（　：　）	（　：　）

Beauty memo
アツアツの食事で
スムーズにカロリー消費

食事をすると体が温まり、エネルギーが体外に放出されます。冷たいものより、温かいものを食べた時のほうが体はたくさん熱を発します。だから食事は、できたての温かいものを食べるのがダイエットには効果的。コンビニのお弁当も極力温めて食べたほうがベストです。無理なら、インスタントの汁物を加えるだけでも違います。

月   ダイエットスタートから   week 目

	日（　　）	日（　　）	日（　　）	日（　　）
	体重　　　　kg	体重　　　　kg	体重　　　　kg	体重　　　　kg
	体脂肪　　　％	体脂肪　　　％	体脂肪　　　％	体脂肪　　　％
	ben　有・無	ben　有・無	ben　有・無	ben　有・無
朝	（　：　）	（　：　）	（　：　）	（　：　）
昼	（　：　）	（　：　）	（　：　）	（　：　）
夜	（　：　）	（　：　）	（　：　）	（　：　）
その他				

日（　）	日（　）	日（　）
体重　　　kg	体重　　　kg	体重　　　kg
体脂肪　　　％	体脂肪　　　％	体脂肪　　　％
ben　有・無	ben　有・無	ben　有・無
(　：　)	(　：　)	(　：　)
(　：　)	(　：　)	(　：　)
(　：　)	(　：　)	(　：　)

Beauty memo
簡単蒸し料理で おいしくカロリーダウン

手軽にカロリーダウンできる調理法として人気の蒸し料理。野菜はかさが減るので、生野菜よりも量をたっぷり摂取でき、肉や魚は余分な脂が落ちます。ワインや日本酒を使って蒸せば香りもよく仕上がり、調理油も使わずに済むためさらにカロリーオフ。たれやドレッシングで味のバリエーションを広げれば、飽きずに楽しめます。

月   ダイエットスタートから   week 目

	日（　　）	日（　　）	日（　　）	日（　　）
	体重　　　　kg	体重　　　　kg	体重　　　　kg	体重　　　　kg
	体脂肪　　　％	体脂肪　　　％	体脂肪　　　％	体脂肪　　　％
	ben　有・無	ben　有・無	ben　有・無	ben　有・無
朝	（　：　）	（　：　）	（　：　）	（　：　）
昼	（　：　）	（　：　）	（　：　）	（　：　）
夜	（　：　）	（　：　）	（　：　）	（　：　）
その他				

日( )	日( )	日( )
体重　　　kg	体重　　　kg	体重　　　kg
体脂肪　　%	体脂肪　　%	体脂肪　　%
ben　有・無	ben　有・無	ben　有・無
(:)	(:)	(:)
(:)	(:)	(:)
(:)	(:)	(:)

Beauty memo

揚げ物を食べる時は
衣に要注意

揚げ物のなかで最もカロリーが高いのはフライ類。それは、衣が油を吸収してしまうためです。だから揚げ物がどうしても食べたいときは、フライより素揚げや唐揚げを選んで。なるべく自宅で作るようにして、唐揚げなら粉をまぶす程度に、衣を薄く仕上げましょう。外食やお弁当の揚げ物は、衣をはずして残すなど、食べ方で工夫を。

月   ダイエットスタートから   week 目

日（　）	日（　）	日（　）	日（　）
体重　　　　kg	体重　　　　kg	体重　　　　kg	体重　　　　kg
体脂肪　　　%	体脂肪　　　%	体脂肪　　　%	体脂肪　　　%
ben　　有・無	ben　　有・無	ben　　有・無	ben　　有・無

朝

（　：　）　（　：　）　（　：　）　（　：　）

昼

（　：　）　（　：　）　（　：　）　（　：　）

夜

（　：　）　（　：　）　（　：　）　（　：　）

その他

日（　）	日（　）	日（　）
体重　　　kg	体重　　　kg	体重　　　kg
体脂肪　　　%	体脂肪　　　%	体脂肪　　　%
ben　有・無	ben　有・無	ben　有・無
(　：　)	(　：　)	(　：　)
(　：　)	(　：　)	(　：　)
(　：　)	(　：　)	(　：　)

Beauty memo
物足りなさを補うには香りのある食材を活用

脂肪分や味付けを抑えたダイエットメニューは、コクがなく、どこか物足りなく感じてしまいがち。そんな時は、香味野菜と呼ばれるねぎ、にんにく、しょうが、みつば、ハーブ類を使って、料理に風味をプラスするのがおすすめ。単調な味付けも、香りがおいしさを演出。いつもの味付けに変化がつき、料理をグレードアップします。

月

キレイを呼びこむ♪　今月のBeautyルール

カロリーコントロールを
意識しよう

年 齢や運動量によって、人それぞれ1日に必要なカロリー量は変わってきます。ダイエットは、摂取カロリーを必要以上にオーバーさせないことが基本ですが、なによりも持続させることが大切です。1日単位でカロリーの収支をあわせようとすると、無理がでて、かえってストレスになってしまうもの。1日、2日とカロリーオーバーをしても、1週間単位で帳尻をあわせれば OK です。自分が1日に必要なカロリー量を知り、週ごとに計算するのがベストでしょう。

　摂取カロリーをチェックする際に気をつけたいことがあります。今は、多くの食品、外食メニューにもカロリーが表示されているので便利ですが、表示カロリーの見方にはやや注意が必要です。

　たとえば飲み物の場合、100ml あたり 30kcal だとすると、350ml で

未来のHappy Event

日付	Happy Event	目標体重	自分へのご褒美
／		kg	
／		kg	
／		kg	
／		kg	

は105kcal。500mlだと150kcalと変わっていきます。単にカロリー数値を見ただけで安心してしまうと、うっかりカロリーオーバーしてしまった、ということになりかねません。きちんと摂取量へと換算することを忘れず、上手にカロリーコントロールし、効率よくウエイトダウンしましょう。

自分に必要なカロリー量の目安　＊女性の場合／（ ）内は1週間の必要カロリー量

年齢 (歳)	日常で運動を ほとんどしない人の場合	通勤、家事、軽い運動などで 体を動かす程度の人の場合	日常的に運動する習慣があり、 よく体を動かす人の場合
18〜29	1,700 kcal (11,900 kcal)	1,950 kcal (13,650 kcal)	2,250 kcal (15,750 kcal)
30〜49	1,750 kcal (12,250 kcal)	2,050 kcal (14,350 kcal)	2,350 kcal (16,450 kcal)
50〜64	1,700 kcal (11,900 kcal)	1,950 kcal (13,650 kcal)	2,250 kcal (15,750 kcal)
65〜74	1,650 kcal (11,550 kcal)	1,850 kcal (12,950 kcal)	2,050 kcal (14,350 kcal)
75以上	1,450 kcal (10,150 kcal)	1,750 kcal (12,250 kcal)	

厚生労働省「日本人の食事摂取基準(2025年版)」より

現在		目標		目標達成まであと
体重　　　kg	→	体重　　　kg	→	体重　　　kg
B　　　　cm		B　　　　cm		B　　　　cm
W　　　　cm		W　　　　cm		W　　　　cm
H　　　　cm		H　　　　cm		H　　　　cm

| | 月 | | ダイエットスタートから | week 目 |

	日（　　）	日（　　）	日（　　）	日（　　）
	体重　　　kg	体重　　　kg	体重　　　kg	体重　　　kg
	体脂肪　　　％	体脂肪　　　％	体脂肪　　　％	体脂肪　　　％
	ben　有・無	ben　有・無	ben　有・無	ben　有・無
朝	（　：　）	（　：　）	（　：　）	（　：　）
昼	（　：　）	（　：　）	（　：　）	（　：　）
夜	（　：　）	（　：　）	（　：　）	（　：　）
その他				

日( )	日( )	日( )
体重　　　　kg	体重　　　　kg	体重　　　　kg
体脂肪　　　％	体脂肪　　　％	体脂肪　　　％
ben　　有・無	ben　　有・無	ben　　有・無
(　：　)	(　：　)	(　：　)
(　：　)	(　：　)	(　：　)
(　：　)	(　：　)	(　：　)

Beauty memo

栄養が凝縮された大豆は優秀なヘルシーフード

大豆はダイエットに効率よく働く、必須アミノ酸がバランスよく含まれた良質なたんぱく質、繊維質を備えています。肉よりも消化吸収がよく、内臓への負担も少ない植物性たんぱく質は、毎日取り入れたい食材です。豆そのものだけでなく、栄養素が体内に吸収されやすい形で含まれた、納豆や味噌の発酵食品もこまめにとりましょう。

月　　　　　　　　　　　　ダイエットスタートから　　week 目

日（　　）	日（　　）	日（　　）	日（　　）
体重　　　　kg	体重　　　　kg	体重　　　　kg	体重　　　　kg
体脂肪　　　％	体脂肪　　　％	体脂肪　　　％	体脂肪　　　％
ben　　有・無	ben　　有・無	ben　　有・無	ben　　有・無

朝

（　：　）

昼

（　：　）

夜

（　：　）

その他

日( )	日( )	日( )
体重　　　　kg	体重　　　　kg	体重　　　　kg
体脂肪　　　　%	体脂肪　　　　%	体脂肪　　　　%
ben　　有・無	ben　　有・無	ben　　有・無
(　：　)	(　：　)	(　：　)
(　：　)	(　：　)	(　：　)
(　：　)	(　：　)	(　：　)

Beauty memo
じゃがいもやかぼちゃは、野菜でも食べ過ぎ注意

積極的に食べたい野菜の中でも、じゃがいもやさつまいも、かぼちゃは別物。食物繊維やビタミンは豊富ですが、これらはごはんと同じでんぷん質が主体。でんぷんは、脂肪を蓄える糖質に変わりやすく、どんなにごはんを控えても、カロリー過多になる可能性があります。野菜といえども、適量を考えて、食べ過ぎには注意しましょう。

月   ダイエットスタートから   week 目

日（　　）	日（　　）	日（　　）	日（　　）
体重　　　　kg	体重　　　　kg	体重　　　　kg	体重　　　　kg
体脂肪　　　％	体脂肪　　　％	体脂肪　　　％	体脂肪　　　％
ben　　有・無	ben　　有・無	ben　　有・無	ben　　有・無

朝

（　：　）　（　：　）　（　：　）　（　：　）

昼

（　：　）　（　：　）　（　：　）　（　：　）

夜

（　：　）　（　：　）　（　：　）　（　：　）

その他

日（　）	日（　）	日（　）
体重　　　kg	体重　　　kg	体重　　　kg
体脂肪　　　％	体脂肪　　　％	体脂肪　　　％
ben　有・無	ben　有・無	ben　有・無
(　：　)	(　：　)	(　：　)
(　：　)	(　：　)	(　：　)
(　：　)	(　：　)	(　：　)

Beauty memo
カレーは手作りで簡単にカロリーダウン

手軽に食べられ、誰もが好きなカレーライスは1食約580kcal。レトルトカレーや市販の固形ルーは、脂質が多く含まれているため、食べるならカレー粉を使ってルーから手作りするとカロリーが抑えられます。具材も肉よりシーフード、野菜は油で炒めず、グリルで焼き目をつけてから煮込むと、さらにカロリーダウンできます。

日( )	日( )	日( )
体重　　　　kg	体重　　　　kg	体重　　　　kg
体脂肪　　　％	体脂肪　　　％	体脂肪　　　％
ben　有・無	ben　有・無	ben　有・無
(　：　)	(　：　)	(　：　)
(　：　)	(　：　)	(　：　)
(　：　)	(　：　)	(　：　)

Beauty memo
**パンを上手に味わう
カロリーキープのコツ**

口当たりのよいふわふわの白いパンより、フランスパンやベーグル、胚芽パンなど噛みごたえのあるパンのほうが、満腹感を得られやすくダイエット中はおすすめ。また、食べる前にスープやホットミルクなどの汁物を飲んで空腹感を補ったり、ジャムをつけないなど、パンを食べる時は、それ以上カロリーを増やさない工夫を心がけて。

日（　）	日（　）	日（　）

体重　　　kg
体脂肪　　　％
ben　　有・無

(　: 　)

(　: 　)

(　: 　)

料理にかける調味料の量は控えめに

醤油やソース、ドレッシングなどを料理に使えば、単純にその分のカロリーは加算。それだけでなく、かけ過ぎると味が濃くなるため、ごはんがつい進み、食べ過ぎてしまうこともあります。また、塩分のとり過ぎも気になります。ダイエット中は薄味を心がけ、物足りない時はレモンや酢など、酸味の調味料を効果的にプラスしましょう。

月

キレイを呼びこむ♪　今月のBeautyルール

いろいろなダイエットの
いいとこどりをしよう

摂取カロリーを抑え、エネルギー消費を高めれば、体重は必ず落ちる、これがダイエットの理論です。でも誰もがそうとはわかっていても、甘いお菓子の誘惑や、高カロリーな外食、手軽なコンビニ食にお酒など…。仕事を持ち、日々忙しい現代女性にとって、いずれもそう簡単に断ち切れないものばかりです。もちろん、本気でダイエットをするなら、時には我慢も努力も必要です。しかし、人は生きていくためには、食べなくてはいけません。同時に食事は人にとって、人生の大きな楽しみのひとつでもあります。だったら、食べないダイエットより、食べても太らないダイエットのほうがずっといいと思いませんか？

　何もかも我慢のダイエットは、長続きしません。だから、星の数ほどあるダイエット法の中から、自分にあいそうな方法、これならできそうとい

✳ 未来のHappy Event ✳

日付	Happy Event	目標体重	自分へのご褒美
／		kg	
／		kg	
／		kg	
／		kg	

うものを、毎日の生活に少しずつ組みこんでいくのも得策です。極端な話、絶食ダイエットは体によくないといわれています。でも、食べ過ぎや飲み過ぎでカロリーを摂取し過ぎたと感じた週の週末は、水分だけをきちんととって、思い切って体内の大掃除をしてみるのもひとつの方法です。

どんなに流行っているダイエット法でも、みんながみんな成功するとは限りません。さらに、ひとつのダイエット法だと、続けていくうちに効果が見られなくなったり、停滞期に陥ることもあるでしょう。そんなとき、やる気を失ってしまわないためにも、いろいろなダイエット法を組み合わせておくと、持続させやすいものです。ダイエットを苦しいものとせず、長い人生において続けていくためには、ダイエット法のいいとこどりを実践しつつ、きちんと正しい食生活を送ることを心がけましょう。

現在		目標		目標達成まであと
体重	kg	体重	kg	体重	kg
B	cm	B	cm	B	cm
W	cm	W	cm	W	cm
H	cm	H	cm	H	cm

月　　　　　　　　　　　　ダイエットスタートから　　week目

日（　）	日（　）	日（　）	日（　）
体重　　　kg	体重　　　kg	体重　　　kg	体重　　　kg
体脂肪　　%	体脂肪　　%	体脂肪　　%	体脂肪　　%
ben　有・無	ben　有・無	ben　有・無	ben　有・無

朝

（　：　）　　　（　：　）　　　（　：　）　　　（　：　）

昼

（　：　）　　　（　：　）　　　（　：　）　　　（　：　）

夜

（　：　）　　　（　：　）　　　（　：　）　　　（　：　）

その他

日 ( )	日 ( )	日 ( )
体重　　　kg	体重　　　kg	体重　　　kg
体脂肪　　％	体脂肪　　％	体脂肪　　％
ben　有・無	ben　有・無	ben　有・無
(:)	(:)	(:)
(:)	(:)	(:)
(:)	(:)	(:)

Beauty memo
栄養満点の牛乳は高脂肪、高カロリー

たんぱく質やカルシウムをはじめ、牛乳はさまざまな栄養素を含んでいる優れた食品のひとつです。そのため積極的にとりたいものではありますが、意外と高脂肪。とり過ぎは禁物です。ダイエット中は、低脂肪乳や無脂肪乳、豆乳に切り替えてみて。グラタンやシチューなどの料理も、低脂肪乳や豆乳を使えばカロリーダウンが可能です。

月 ダイエットスタートから week 目

日（ ）	日（ ）	日（ ）	日（ ）

体重 kg	体重 kg	体重 kg	体重 kg
体脂肪 %	体脂肪 %	体脂肪 %	体脂肪 %
ben 有・無	ben 有・無	ben 有・無	ben 有・無

朝

（ ： ） （ ： ） （ ： ） （ ： ）

昼

（ ： ） （ ： ） （ ： ） （ ： ）

夜

（ ： ） （ ： ） （ ： ） （ ： ）

その他

日（　）	日（　）	日（　）
体重　　　kg	体重　　　kg	体重　　　kg
体脂肪　　％	体脂肪　　％	体脂肪　　％
ben　有・無	ben　有・無	ben　有・無
(　：　)	(　：　)	(　：　)
(　：　)	(　：　)	(　：　)
(　：　)	(　：　)	(　：　)

Beauty memo
コーヒー、紅茶も ゼロカロリーを基本に

ダイエット中の飲み物には、ノーカロリーの水が最適です。コーヒーや紅茶も、ほぼカロリーはありませんが、砂糖やクリームを入れて毎日飲めばそれなりのカロリーを摂取することになります。砂糖やクリームを入れて飲むのが習慣になっている人は改めて。慣れてくると砂糖やクリーム抜きでもおいしく飲めるようになりますよ。

月　　　　　　　　　　　　　ダイエットスタートから　　　week 目

日（　　　）	日（　　　）	日（　　　）	日（　　　）
体重　　　　kg	体重　　　　kg	体重　　　　kg	体重　　　　kg
体脂肪　　　%	体脂肪　　　%	体脂肪　　　%	体脂肪　　　%
ben　　有・無	ben　　有・無	ben　　有・無	ben　　有・無

朝
（　：　）　（　：　）　（　：　）　（　：　）

昼
（　：　）　（　：　）　（　：　）　（　：　）

夜
（　：　）　（　：　）　（　：　）　（　：　）

その他

日（　）	日（　）	日（　）
体重　　　　kg	体重　　　　kg	体重　　　　kg
体脂肪　　　　%	体脂肪　　　　%	体脂肪　　　　%
ben　　有・無	ben　　有・無	ben　　有・無
（　：　）	（　：　）	（　：　）
（　：　）	（　：　）	（　：　）
（　：　）	（　：　）	（　：　）

Beauty memo
スイーツは洋菓子より和菓子がベター

カロリーだけをみれば、和菓子も洋菓子もさほど変わりません。ただ、整腸作用があり、糖質をエネルギーに変えるビタミンBを含む豆を使ったあんが主体で、油脂を使っていない分、和菓子のほうがダイエット向きです。また、和菓子の中でも焼き菓子や餅菓子よりも蒸し菓子のほうがカロリーが低めなので覚えておいて。

月　　　　　　ダイエットスタートから　　week 目

	日（　　）	日（　　）	日（　　）	日（　　）
	体重　　　　kg	体重　　　　kg	体重　　　　kg	体重　　　　kg
	体脂肪　　　％	体脂肪　　　％	体脂肪　　　％	体脂肪　　　％
	ben　　有・無	ben　　有・無	ben　　有・無	ben　　有・無
朝	（　：　）	（　：　）	（　：　）	（　：　）
昼	（　：　）	（　：　）	（　：　）	（　：　）
夜	（　：　）	（　：　）	（　：　）	（　：　）
その他				

日（　）	日（　）	日（　）
体重　　　kg	体重　　　kg	体重　　　kg
体脂肪　　％	体脂肪　　％	体脂肪　　％
ben　有・無	ben　有・無	ben　有・無
（　：　）	（　：　）	（　：　）
（　：　）	（　：　）	（　：　）
（　：　）	（　：　）	（　：　）

Beauty memo
和菓子と抹茶で食物繊維不足を解消

和菓子は、抹茶と一緒に食べることがおすすめ。抹茶は、お茶の成分をまるごと粉末にしたもので、美容にもいい、抗酸化作用のあるカテキンやカロテンなどのビタミンA群が豊富。3gで食物繊維が約1.2gも含まれています。和菓子の中でもきな粉、寒天、つぶあんを使ったものは食物繊維が豊富なので、覚えておくといいでしょう。

月　　　　　　　　　　　　　ダイエットスタートから　week 目

日（　　）	日（　　）	日（　　）	日（　　）
体重　　　kg	体重　　　kg	体重　　　kg	体重　　　kg
体脂肪　　　%	体脂肪　　　%	体脂肪　　　%	体脂肪　　　%
ben　　有・無	ben　　有・無	ben　　有・無	ben　　有・無

朝
（　：　）　（　：　）　（　：　）　（　：　）

昼
（　：　）　（　：　）　（　：　）　（　：　）

夜
（　：　）　（　：　）　（　：　）　（　：　）

その他

日 ( )	日 ( )	日 ( )
体重　　　kg	体重　　　kg	体重　　　kg
体脂肪　　％	体脂肪　　％	体脂肪　　％
ben　有・無	ben　有・無	ben　有・無
(:)	(:)	(:)
(:)	(:)	(:)
(:)	(:)	(:)

Beauty memo
ビタミン宝庫の果物
高カロリーの落とし穴

ビタミンやミネラルが豊富なため、美容の面でも好ましいフルーツ。お菓子代わりに食べる人もいますが、フルーツには甘み成分である果糖が含まれているため、意外と高カロリーであることを忘れないで。また、食物繊維が多く、便秘に効くといわれているプルーンやいちじくなどのドライフルーツは、生よりもさらに高カロリーです。

月

キレイを呼びこむ♪　今月のBeautyルール

野菜をたっぷり食べて
キレイに痩せよう

野菜には、ビタミン、ミネラル、食物繊維が豊富。健康のためにも、1日350g以上の野菜を摂取するのがよいとされていますが、不足している人も多いのでは？　野菜はダイエット時にはとくに毎日積極的にとりたい食品の代表選手です。野菜には、料理のかさを増やしたり、繊維質がたっぷり含まれているため、噛みごたえがあり、比較的満腹感が得やすいものが多くあります。だから無駄な食べ過ぎを防ぐことができ、カロリーコントロールをバックアップしてくれる心強い味方なのです。

また、食物繊維の働きが、ダイエット時に陥りやすい便秘の解消にもひと役かってくれることも、女性にはうれしいかぎり。健康や美容をサポートするビタミンやミネラルも含まれているので、野菜をしっかり摂取する習慣を身につければ、ますます美しさに磨きをかけることができます。

未来のHappy Event

日付	Happy Event	目標体重	自分へのご褒美
／		kg	
／		kg	
／		kg	
／		kg	

たっぷり食べたい野菜の種類

緑黄色野菜

ほうれん草／かぼちゃ／ブロッコリー
にんじん／トマト etc.

体の粘膜を強化し、細胞の酸化を防ぐ高酸化作用の高いβ-カロテンを多く含みます。ビタミンC、ミネラル、食物繊維も豊富で、とくにビタミンCは、色の濃い葉の部分などに多く含まれます。

淡色野菜

だいこん／キャベツ
白菜／なす etc.

ビタミンC、ミネラルが豊富な淡色野菜。皮や、皮のすぐ下、色の濃い部分にビタミンCが多く含まれているので、よく洗い、皮ごと調理するのもベター。

いも類

じゃがいも／さつまいも etc.

食物繊維のほかに、ビタミンCも多く含まれているいも類。他にも、体内の余分な塩分を排出するカリウムも含まれています。

きのこ・海藻類

しいたけ／エリンギ／わかめ etc.

低カロリーで、便秘予防に効果的な食物繊維が豊富なきのこと海藻類。きのこにはビタミンB₁、B₂、海藻類には新陳代謝を活発にするヨウ素も含まれ、生活習慣病予防に効果的な栄養素がたっぷり。

大豆製品

大豆／納豆／豆乳 etc.

畑の肉といわれる大豆。良質なたんぱく質を摂取できるだけでなく、ビタミンB₁、B₂、カルシウムや鉄などのミネラル、食物繊維が豊富です。

現在		目標		目標達成まであと	
体重	kg	体重	kg	体重	kg
B	cm	B	cm	B	cm
W	cm	W	cm	W	cm
H	cm	H	cm	H	cm

月　　　　　　　　ダイエットスタートから　　week 目

日（　　）	日（　　）	日（　　）	日（　　）
体重　　　kg	体重　　　kg	体重　　　kg	体重　　　kg
体脂肪　　　％	体脂肪　　　％	体脂肪　　　％	体脂肪　　　％
ben　有・無	ben　有・無	ben　有・無	ben　有・無

朝

（　：　）　（　：　）　（　：　）　（　：　）

昼

（　：　）　（　：　）　（　：　）　（　：　）

夜

（　：　）　（　：　）　（　：　）　（　：　）

その他

日（　）	日（　）	日（　）
体重　　　kg	体重　　　kg	体重　　　kg
体脂肪　　％	体脂肪　　％	体脂肪　　％
ben　有・無	ben　有・無	ben　有・無
(　:　)	(　:　)	(　:　)
(　:　)	(　:　)	(　:　)
(　:　)	(　:　)	(　:　)

Beauty memo

無糖の炭酸水で食欲をコントロール

炭酸ガス入りのガスウォーターは、西洋ではポピュラーな水。元々、炭酸水には代謝アップ、便秘解消、疲労回復などの効果があり、健康維持に役立つといわれています。また、何かを食べる前や食べる時に一緒に飲むと、お腹がふくらみ、無駄な食欲を抑えてくれます。食事の時の飲み水を、無糖の炭酸水に変えるのもひとつの方法です。

月   ダイエットスタートから   week 目

日（　　）	日（　　）	日（　　）	日（　　）
体重　　　　kg	体重　　　　kg	体重　　　　kg	体重　　　　kg
体脂肪　　　%	体脂肪　　　%	体脂肪　　　%	体脂肪　　　%
ben　　有・無	ben　　有・無	ben　　有・無	ben　　有・無

朝

（　：　）　（　：　）　（　：　）　（　：　）

昼

（　：　）　（　：　）　（　：　）　（　：　）

夜

（　：　）　（　：　）　（　：　）　（　：　）

その他

日（　）	日（　）	日（　）
体重　　　kg	体重　　　kg	体重　　　kg
体脂肪　　％	体脂肪　　％	体脂肪　　％
ben　有・無	ben　有・無	ben　有・無
（　：　）	（　：　）	（　：　）
（　：　）	（　：　）	（　：　）
（　：　）	（　：　）	（　：　）

Beauty memo
メニュー選び＆食べ方で イタリアンを楽しもう

イタリアンの代表パスタ。ソースは、クリーム系よりトマト系が低カロリー。スパゲティより、ペンネなどショートパスタのほうが、少量で満足感を得やすいと覚えておきましょう。また、ピザは生地の薄いクリスピータイプがおすすめ。サラダや前菜をプラスし、大人数で取り分けて楽しく食べれば、食べ過ぎも防止できますよ。

月   ダイエットスタートから   week 目

	日（ ）	日（ ）	日（ ）	日（ ）
	体重　　　　kg	体重　　　　kg	体重　　　　kg	体重　　　　kg
	体脂肪　　　%	体脂肪　　　%	体脂肪　　　%	体脂肪　　　%
	ben　有・無	ben　有・無	ben　有・無	ben　有・無
朝	（ : ）	（ : ）	（ : ）	（ : ）
昼	（ : ）	（ : ）	（ : ）	（ : ）
夜	（ : ）	（ : ）	（ : ）	（ : ）
その他				

日（ ）	日（ ）	日（ ）
体重　　　kg	体重　　　kg	体重　　　kg
体脂肪　　　％	体脂肪　　　％	体脂肪　　　％
ben　　有・無	ben　　有・無	ben　　有・無
(　：　)	(　：　)	(　：　)
(　：　)	(　：　)	(　：　)
(　：　)	(　：　)	(　：　)

Beauty memo

アルコールは飲み過ぎず、厳しく自制して

アルコールは、全般的に高カロリー。とくに甘いリキュールを使ったカクテルやビールは、口当たりが軽く、ついつい飲み過ぎてしまいがち。カロリーオーバーを招くだけでなく、肝臓にも負担をかけます。最初に杯数を決め、厳しく自制しましょう。また、職場関係などのおつきあいの席では、すすめ上手に徹してしまうのが得策。

月　　　　　　　　　　　ダイエットスタートから　　week 目

日（　　）	日（　　）	日（　　）	日（　　）
体重　　　　kg	体重　　　　kg	体重　　　　kg	体重　　　　kg
体脂肪　　　%	体脂肪　　　%	体脂肪　　　%	体脂肪　　　%
ben　有・無	ben　有・無	ben　有・無	ben　有・無

朝

（　：　）　（　：　）　（　：　）　（　：　）

昼

（　：　）　（　：　）　（　：　）　（　：　）

夜

（　：　）　（　：　）　（　：　）　（　：　）

その他

日（　）	日（　）	日（　）
体重　　　kg	体重　　　kg	体重　　　kg
体脂肪　　　％	体脂肪　　　％	体脂肪　　　％
ben　有・無	ben　有・無	ben　有・無
（　：　）	（　：　）	（　：　）
（　：　）	（　：　）	（　：　）
（　：　）	（　：　）	（　：　）

Beauty memo
おつまみは高カロリー
少量でも油断大敵

アルコールには、食欲増進作用があるため、おつまみの食べ過ぎには注意。とくにお酒にあうおつまみは、酔いや胃もたれを防ぐ意味でも、揚げ物やチーズなど高カロリーのものが多数。塩分も高いとますますお酒も進み、悪循環に。栄養バランスを考えつつ、野菜スティックや海藻サラダ、冷や奴などローカロリーなものを選択して。

月

ダイエットスタートから　week 目

日 ( )	日 ( )	日 ( )	日 ( )
体重　　　kg	体重　　　kg	体重　　　kg	体重　　　kg
体脂肪　　%	体脂肪　　%	体脂肪　　%	体脂肪　　%
ben　有・無	ben　有・無	ben　有・無	ben　有・無

朝

(:)　　(:)　　(:)　　(:)

昼

(:)　　(:)　　(:)　　(:)

夜

(:)　　(:)　　(:)　　(:)

その他

日 ( )	日 ( )	日 ( )
体重　　　kg	体重　　　kg	体重　　　kg
体脂肪　　　%	体脂肪　　　%	体脂肪　　　%
ben　　有・無	ben　　有・無	ben　　有・無

(:)　　(:)　　(:)

(:)　　(:)　　(:)

(:)　　(:)　　(:)

Beauty memo

代謝と美肌効果をあげる ヘルシーな酢の効用

豊富なアミノ酸が血液をサラサラにして、身体の代謝をアップさせる酢。また、油の粒子を細かくする働きもあるので、食事でとる油を、すぐにエネルギーとして消化できる状態に導きます。また、酢と相性のよいビタミンはC。美肌、疲労やストレスの改善に効果のあるレモンや果物とも相性がいいので、積極的に取り入れたいもの。

月

キレイを呼びこむ♪　今月のBeautyルール

痩せる食べ方を
マスターしよう

食事をすると血糖値が上がり、膵臓からインスリンというホルモンが分泌されます。そのインスリンが血液中のブドウ糖をエネルギーに変えるのですが、急激に血糖値が上がると、インスリンは過剰分泌します。そのため、肝臓や筋肉にエネルギーが蓄えきれず、余ったブドウ糖が脂肪として蓄積されてしまいます。ですから、太らないためには、血糖値を上げないような食べ方の工夫が必要になってきます。

　そのためにまず見直したいのは、1日3食を基本とした食生活リズム。血糖値の急激な上昇を抑えるためには、3食の食事の間隔を5〜6時間あけ、そのリズムを崩さないようにしましょう。もちろん、早食いも血糖値の急激な上昇を招く元。よく噛んで、ゆっくり食べれば、脳の満腹中枢が刺激され、少量でも満足感を感じ、食べ過ぎも防げます。

✳ 未来のHappy Event ✳

日付	Happy Event	目標体重	自分へのご褒美
／		kg	
／		kg	
／		kg	
／		kg	

　また、たんぱく質や食物繊維は、糖質の消化吸収のスピードを遅らせる働きがあるので、ひと口めは肉や魚の主菜、野菜や海藻、大豆製品を使った副菜から食べはじめましょう。さらに糖分の高いスイーツは、食後すぐよりおやつとして食べるほうが太りにくいといわれています。食後は、脂肪燃焼を助ける効果があるカフェインをとるのがおすすめ。コーヒーや紅茶、日本茶をデザート代わりにゆっくりと楽しみましょう。

キレイにやせる！テクニック 5

1. 食事と食事の間を5〜6時間あける！
2. 早食いをやめる！
3. ひと口めは肉や魚、野菜から食べる！
4. 食後すぐに甘いものを食べない！
5. お酒のおつまみは大豆製品や酢の物に！

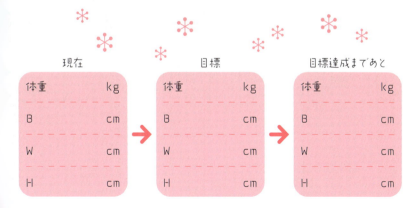

月　　　　　　　　　　　ダイエットスタートから　　week 目

日（　　）	日（　　）	日（　　）	日（　　）
体重　　　　kg	体重　　　　kg	体重　　　　kg	体重　　　　kg
体脂肪　　　%	体脂肪　　　%	体脂肪　　　%	体脂肪　　　%
ben　　有・無	ben　　有・無	ben　　有・無	ben　　有・無

朝
（　：　）

（　：　）

（　：　）

（　：　）

昼
（　：　）

（　：　）

（　：　）

（　：　）

夜
（　：　）

（　：　）

（　：　）

（　：　）

その他

日（　）	日（　）	日（　）
体重　　　kg	体重　　　kg	体重　　　kg
体脂肪　　％	体脂肪　　％	体脂肪　　％
ben　有・無	ben　有・無	ben　有・無
(　：　)	(　：　)	(　：　)
(　：　)	(　：　)	(　：　)
(　：　)	(　：　)	(　：　)

Beauty memo

朝食で元気をチャージ 食べる習慣を身につける

朝食抜きは、昼食や夕食でのまとめ食いや間食を引き起こす元。そもそも朝食は1日の大事な活動源です。できればきちんと食卓につき、ゆっくり食事を楽しむ時間が作れれば、満足感も得られてベスト。けれどそうもいかない時は、せめて牛乳とバナナ、ヨーグルトと野菜ジュースなどで、カルシウムやたんぱく質、ビタミンを補って。

月			ダイエットスタートから	week 目

日 ( )	日 ( )	日 ( )	日 ( )
体重 kg	体重 kg	体重 kg	体重 kg
体脂肪 %	体脂肪 %	体脂肪 %	体脂肪 %
ben 有・無	ben 有・無	ben 有・無	ben 有・無

朝

(:) (:) (:) (:)

昼

(:) (:) (:) (:)

夜

(:) (:) (:) (:)

その他

日（　）	日（　）	日（　）
体重　　　kg	体重　　　kg	体重　　　kg
体脂肪　　％	体脂肪　　％	体脂肪　　％
ben　有・無	ben　有・無	ben　有・無
（　：　）	（　：　）	（　：　）
（　：　）	（　：　）	（　：　）
（　：　）	（　：　）	（　：　）

Beauty memo
好きな物から食べれば腹八分で食欲ストップ

あなたは好きな食べ物を最初に食べる人、最後までとっておく人、どちらでしょう？　食べ過ぎを防ぐには、好きな物は最初に食べてしまうのが正解。最後にじっくり味わうという食べ方だと、お腹がいっぱいでも食べることになるため、結果食べ過ぎに。最初に好物から食べてしまえば、腹八分で食事を終えることができるはずです。

月　　　　　　　　　ダイエットスタートから　　week目

日（　　）	日（　　）	日（　　）	日（　　）
体重　　　　　kg	体重　　　　　kg	体重　　　　　kg	体重　　　　　kg
体脂肪　　　　%	体脂肪　　　　%	体脂肪　　　　%	体脂肪　　　　%
ben　　有・無	ben　　有・無	ben　　有・無	ben　　有・無

朝

（　：　）　（　：　）　（　：　）　（　：　）

昼

（　：　）　（　：　）　（　：　）　（　：　）

夜

（　：　）　（　：　）　（　：　）　（　：　）

その他

日（　）	日（　）	日（　）
体重　　　kg	体重　　　kg	体重　　　kg
体脂肪　　％	体脂肪　　％	体脂肪　　％
ben　有・無	ben　有・無	ben　有・無
（　：　）	（　：　）	（　：　）
（　：　）	（　：　）	（　：　）
（　：　）	（　：　）	（　：　）

Beauty memo
調理に使う油の量を極力減らすコツ

サラダ油は、大さじ1杯が110kcalと高カロリー。だから調理の時に使う油の量にも気をつけたいもの。炒め物などで調理油を減らすには、フッ素樹脂加工のフライパンを使うのがおすすめです。また、具材を大きめにカットすると吸収する油の量が減らせます。チャーハンを作る時はごはんにあらかじめ少量の油をまぶしておくのも◎。

月　　　　　　　　　　　　　　　　ダイエットスタートから　　　week 目

日（　　）	日（　　）	日（　　）	日（　　）
体重　　　　kg	体重　　　　kg	体重　　　　kg	体重　　　　kg
体脂肪　　　%	体脂肪　　　%	体脂肪　　　%	体脂肪　　　%
ben　有・無	ben　有・無	ben　有・無	ben　有・無

朝

（　：　） （　：　） （　：　） （　：　）

昼

（　：　） （　：　） （　：　） （　：　）

夜

（　：　） （　：　） （　：　） （　：　）

その他

日（　）	日（　）	日（　）
体重　　　kg	体重　　　kg	体重　　　kg
体脂肪　　％	体脂肪　　％	体脂肪　　％
ben　有・無	ben　有・無	ben　有・無
(　：　)	(　：　)	(　：　)
(　：　)	(　：　)	(　：　)
(　：　)	(　：　)	(　：　)

Beauty memo
食べ過ぎ防止の秘策
お弁当箱ダイエット

食事をお弁当箱につめることで、適量がわかりやすくなり、食べ過ぎを防ぐことができるというお弁当箱ダイエット。彩りと栄養バランスを考えて、ランチに限らず朝、晩のごはんもお弁当箱につめるのがポイントです。逆に、お弁当箱につめた料理を、ごはん茶碗や他の器に盛り直すと、1食の適量を目安として知ることができます。

日（　）	日（　）	日（　）

体重　　　　kg	体重　　　　kg	体重　　　　kg
体脂肪　　　％	体脂肪　　　％	体脂肪　　　％
ben　　有・無	ben　　有・無	ben　　有・無
(　：　)	(　：　)	(　：　)
(　：　)	(　：　)	(　：　)
(　：　)	(　：　)	(　：　)

Beauty memo
セルライトを撃退！
老廃物を溜めない食事

脂肪に老廃物が蓄積してできるセルライト。予防や解消には、温冷浴やリンパマッサージがよしとされていますが、同様にむくみや冷えをとる食事も効果的です。水分の代謝を高め、塩分を体外に出すカリウム、体を温め、血液の循環をよくする根菜やしょうが、体内で女性ホルモンと似た働きをする成分を含む大豆類を摂取して。

月

キレイを呼びこむ♪　今月のBeautyルール

食物繊維の力を
味方につけよう

食物繊維はダイエットに効果的。そういわれるのは、食物繊維は食べごたえがあり、長く噛まないと消化できないので満腹感を得られるからです。また料理のかさも増やすため結果として、食べ過ぎを防ぎ、カロリーの過剰摂取を予防してくれます。

　食物繊維には、水に溶ける「水溶性」と、水に溶けない「不溶性」の2種類があります。水溶性はその字のごとく、水分をたくさん取りこんで脂肪や糖質を吸着し体内に吸収される量を調整してコレステロールの排出を助ける食物繊維です。ヌルヌルしたり、ネバネバしたりと、粘性があるのが特徴で、海藻類や納豆、こんにゃく、あんずやプルーンなどの乾燥果実に多く含まれます。反対に、不溶性は水に溶けにくい繊維質。腸壁を刺激し、ぜん動運動を活発にするため、便秘に効果的です。食塩の成分である

未来のHappy Event

日付	Happy Event	目標体重	自分へのご褒美
／		kg	
／		kg	
／		kg	
／		kg	

　ナトリウムの排出も助けるので、むくみの改善にも役立ちます。ごぼうやにんじん、かぼちゃやさつまいもなどの野菜、大豆やあずきなどの豆類、玄米やはと麦などの穀物から摂取できます。

　とくに不溶性食物繊維は、保存の効く乾物素材に含まれているものが多いので、常備しておくと便利です。和食の食材として、自炊をする人は日頃から積極的に取り入れることを心がけると、食物繊維の摂取量は格段に違ってきます。自炊が難しかったり、外食が多い人も、手軽に食べられるリンゴやバナナを朝食に加えたり、納豆、きんぴらごぼうやひじきの煮物のお惣菜を1品加えるとベストです。いつもの食事メニューに、意識して食物繊維をプラスすることで、必然的にカロリーダウンにつながります。さらに有害な老廃物が便と一緒に排出され、美肌効果も期待できますよ。

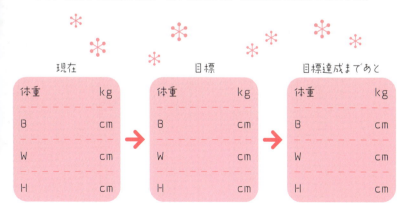

月 　　　　　　　　　　　　　　ダイエットスタートから　　　week 目

日（　　）	日（　　）	日（　　）	日（　　）
体重　　　　kg	体重　　　　kg	体重　　　　kg	体重　　　　kg
体脂肪　　　%	体脂肪　　　%	体脂肪　　　%	体脂肪　　　%
ben　　有・無	ben　　有・無	ben　　有・無	ben　　有・無

朝
（　：　）　（　：　）　（　：　）　（　：　）

昼
（　：　）　（　：　）　（　：　）　（　：　）

夜
（　：　）　（　：　）　（　：　）　（　：　）

その他

日（　）	日（　）	日（　）
体重　　　kg	体重　　　kg	体重　　　kg
体脂肪　　％	体脂肪　　％	体脂肪　　％
ben　有・無	ben　有・無	ben　有・無
(　：　)	(　：　)	(　：　)
(　：　)	(　：　)	(　：　)
(　：　)	(　：　)	(　：　)

Beauty memo

代謝アップと毒素排出をうながす白湯の秘密

沸騰させ、体温より少し高い程度まで冷ました白湯を、起床時と3度の食事の時に飲む白湯ダイエット。お湯を飲むことで体の冷えをとって、体温を上げ、基礎代謝を高めることができます。また、食事中に白湯を飲むと、内臓が温められて消化を促進。その結果、余分な毒素を排出する体の機能が正常に働き、便秘の改善にも◎。

月 ダイエットスタートから week 目

日（　　）	日（　　）	日（　　）	日（　　）
体重　　　　kg	体重　　　　kg	体重　　　　kg	体重　　　　kg
体脂肪　　　　%	体脂肪　　　　%	体脂肪　　　　%	体脂肪　　　　%
ben　　有・無	ben　　有・無	ben　　有・無	ben　　有・無

朝

（　：　）　（　：　）　（　：　）　（　：　）

昼

（　：　）　（　：　）　（　：　）　（　：　）

夜

（　：　）　（　：　）　（　：　）　（　：　）

その他

日( )	日( )	日( )
体重　　　kg	体重　　　kg	体重　　　kg
体脂肪　　　%	体脂肪　　　%	体脂肪　　　%
ben　有・無	ben　有・無	ben　有・無
(:)	(:)	(:)
(:)	(:)	(:)
(:)	(:)	(:)

Beauty memo
運動が苦手な人は深呼吸で代謝をアップ

深呼吸は、血圧上昇を抑える効果があるほか、続ければ、内臓本来の機能を促進。血液循環がよくなり、足のむくみや冷えの解消に役立ちます。また、肺を取り囲む呼吸筋が鍛えられるので、バストアップにもつながります。体を動かすのが苦手な人も、思い立った時、意識して深い呼吸をすることで、消費エネルギーをアップさせて。

月   ダイエットスタートから   week 目

	日（　　）	日（　　）	日（　　）	日（　　）
体重	kg	kg	kg	kg
体脂肪	％	％	％	％
ben	有・無	有・無	有・無	有・無

朝
（　：　）

昼
（　：　）

夜
（　：　）

その他

日( )	日( )	日( )
体重 kg	体重 kg	体重 kg
体脂肪 %	体脂肪 %	体脂肪 %
ben 有・無	ben 有・無	ben 有・無
(:)	(:)	(:)
(:)	(:)	(:)
(:)	(:)	(:)

Beauty memo

朝晩コップ1杯の水が 体内をデトックス

ダイエット中に不足しがちといわれる水分は、1日2リットルは補給したいものですが、飲み方にもポイントが。朝、起き抜けに飲むコップ1杯の水は、睡眠中に粘り気が強くなった血液をサラサラにし、腸のぜん動運動を活発化。入浴前の水は発汗作用を高め、老廃物の排出をスムーズにします。習慣づけることで、代謝を高めて。

月 　　　　　　　ダイエットスタートから　　　week 目

	日 ( )	日 ( )	日 ( )	日 ( )
	体重　　　kg	体重　　　kg	体重　　　kg	体重　　　kg
	体脂肪　　%	体脂肪　　%	体脂肪　　%	体脂肪　　%
	ben　有・無	ben　有・無	ben　有・無	ben　有・無
朝	(：)	(：)	(：)	(：)
昼	(：)	(：)	(：)	(：)
夜	(：)	(：)	(：)	(：)
その他				

日（　）	日（　）	日（　）
体重　　　kg	体重　　　kg	体重　　　kg
体脂肪　　　％	体脂肪　　　％	体脂肪　　　％
ben　有・無	ben　有・無	ben　有・無
(　：　)	(　：　)	(　：　)
(　：　)	(　：　)	(　：　)
(　：　)	(　：　)	(　：　)

Beauty memo
夜食はダイエットの敵 絶対禁止を心に誓う

人の体には、昼に胃の活動を活発にする交感神経と、夜に体を休息させるとともに、体に入った栄養素を体内に貯蔵しようと働く副交感神経の2つの自律神経が備わっています。つまり夜遅くに食べると、副交感神経が本領を発揮。体脂肪が蓄えられやすくなり、飲み物の水分さえもむくみの元に。夜の飲食は就寝の3時間前までと決めて。

月 　　　　　　　　　　　　ダイエットスタートから　　week 目

日（ 　 ）	日（ 　 ）	日（ 　 ）	日（ 　 ）
体重　　　　kg	体重　　　　kg	体重　　　　kg	体重　　　　kg
体脂肪　　　%	体脂肪　　　%	体脂肪　　　%	体脂肪　　　%
ben　有・無	ben　有・無	ben　有・無	ben　有・無

朝

（ 　：　 ）　（ 　：　 ）　（ 　：　 ）　（ 　：　 ）

昼

（ 　：　 ）　（ 　：　 ）　（ 　：　 ）　（ 　：　 ）

夜

（ 　：　 ）　（ 　：　 ）　（ 　：　 ）　（ 　：　 ）

その他

日 ( )	日 ( )	日 ( )
体重　　　kg	体重　　　kg	体重　　　kg
体脂肪　　　％	体脂肪　　　％	体脂肪　　　％
ben　有・無	ben　有・無	ben　有・無
(　：　)	(　：　)	(　：　)
(　：　)	(　：　)	(　：　)
(　：　)	(　：　)	(　：　)

Beauty memo

食べることに逃げず
ストレスを上手に発散

人は本来、食欲を脳でコントロールしています。満腹だと感じれば、食べるのをやめられますが、ストレスを受けるとすでに満腹状態であるにもかかわらず、それを解消しようと食の行動に出ることがあります。体を動かしたり、音楽を聴いてリフレッシュしたり、食べること以外のストレス発散方法を見つけておくと過食を防げます。

月

キレイを呼びこむ♪　今月のBeautyルール

"ちょい手間"で
速攻カロリーダウンしよう

ダイエットは、太る食生活から太らない食生活へと、食スタイルを変えていくこと。悪しき食習慣を断って、よりベストな食生活を身につけてしまえば、さほど難しいことではありません。でもそのためには、最初にほんの少しの手間も必要。カロリーダウンするためのテクニックを身につけておけば、自炊する時も外食の時も、怖いもの知らずです。

〈このひと工夫でカロリーダウン〉

●お肉は脂身を取り除く

　お肉は下ごしらえの段階で、脂身を包丁で取り除く、サッと湯通しして余分な脂を落とす、網焼きにして調理油を使わないなど、ひと工夫でカロリーダウンが可能です。また、ひき肉は合いびきよりも、牛赤身のほうが脂身が少なくローカロリーと覚えておくと便利です。

未来のHappy Event

日付	Happy Event	目標体重	自分へのご褒美
／		kg	
／		kg	
／		kg	
／		kg	

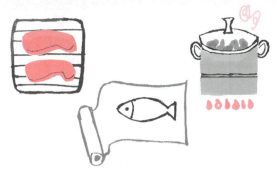

●魚はシンプルな調理法がベスト

　魚介は、良質なたんぱく質を摂取できるため、ダイエット向きの食材ですが、調理法によっては思わぬ高カロリーになる場合もあります。刺身や塩焼き、ホイル焼きなど、シンプルな調理法ほどカロリーを抑えられます。とくにホイル焼きは包んで焼くことで、栄養も美味しさも凝縮されるのでおすすめです。

●野菜は蒸す、茹でるでかさを減らす

　野菜はサラダなどの生野菜より、蒸すか茹でてかさを減らすと、1日に必要な分量がとりやすくなります。ただし野菜のビタミン類は熱に弱いため、加熱時間を短めにするのがコツ。また、炒め物にする場合は大きめにカットすると炒め油の吸収率が下がり、カロリーダウンできます。

月   ダイエットスタートから   week 目

日 ( )	日 ( )	日 ( )	日 ( )
体重　　　　kg	体重　　　　kg	体重　　　　kg	体重　　　　kg
体脂肪　　　％	体脂肪　　　％	体脂肪　　　％	体脂肪　　　％
ben　　有・無	ben　　有・無	ben　　有・無	ben　　有・無

朝
(　：　)　(　：　)　(　：　)　(　：　)

昼
(　：　)　(　：　)　(　：　)　(　：　)

夜
(　：　)　(　：　)　(　：　)　(　：　)

その他

日（　）	日（　）	日（　）
体重　　　kg	体重　　　kg	体重　　　kg
体脂肪　　%	体脂肪　　%	体脂肪　　%
ben　有・無	ben　有・無	ben　有・無
(　：　)	(　：　)	(　：　)
(　：　)	(　：　)	(　：　)
(　：　)	(　：　)	(　：　)

Beauty memo
おやつは買いだめしない、見えるところに置かない

食事は控えめにしていても、なんとなく甘いものを口にしてしまったり、なかには「3度のごはんよりおやつが食べたい」という人もいるでしょう。間食は、積み重なれば1食分のカロリーに到達することも。空腹を満たすというよりも、つい少量でも食べてしまう悪しき習慣は、食べ物を近くに置かないことでしっかり断ち切って。

月 ダイエットスタートから week 目

日（　）	日（　）	日（　）	日（　）
体重　　　kg	体重　　　kg	体重　　　kg	体重　　　kg
体脂肪　　%	体脂肪　　%	体脂肪　　%	体脂肪　　%
ben　有・無	ben　有・無	ben　有・無	ben　有・無

朝

（　：　）
（　：　）
（　：　）
（　：　）

昼

（　：　）
（　：　）
（　：　）
（　：　）

夜

（　：　）
（　：　）
（　：　）
（　：　）

その他

日（　　）	日（　　）	日（　　）
体重　　　kg	体重　　　kg	体重　　　kg
体脂肪　　%	体脂肪　　%	体脂肪　　%
ben　有・無	ben　有・無	ben　有・無
(　：　)	(　：　)	(　：　)
(　：　)	(　：　)	(　：　)
(　：　)	(　：　)	(　：　)

Beauty memo
食後すぐの歯磨きで食欲をセーブして

つまみ食い、ながら食い、早食いと、これらはすべてダイエットの敵。食事は1日3食を、決まった時間にきちんととるというルールを守るためには、食後の歯磨きが有効です。歯を磨くという行為によって、食事の終了をしっかり自覚できるだけでなく、口の中がすっきりして気分もリフレッシュ。食への意識をリセットできます。

日( )	日( )	日( )
体重　　　kg	体重　　　kg	体重　　　kg
体脂肪　　％	体脂肪　　％	体脂肪　　％
ben　有・無	ben　有・無	ben　有・無
(:)	(:)	(:)
(:)	(:)	(:)
(:)	(:)	(:)

Beauty memo
シャワーを浴びて空腹感をまぎらわせる

休日に家にいて、ついつい何か間食したくなった時は、緊急手段としてシャワーを浴びるのがおすすめ。シャワーによる皮膚への刺激が、瞬時に食欲をセーブできます。体が温まり、胃液の分泌が抑えられ、空腹感が和らぎます。だから、夜に空腹を感じた時は、お風呂に入ってしまうのも手。エネルギーも消費でき、一石二鳥です。

| 月   ダイエットスタートから   week 目

	日（ ）	日（ ）	日（ ）	日（ ）
	体重　　　　kg	体重　　　　kg	体重　　　　kg	体重　　　　kg
	体脂肪　　　％	体脂肪　　　％	体脂肪　　　％	体脂肪　　　％
	ben　　有・無	ben　　有・無	ben　　有・無	ben　　有・無
朝	（　：　）	（　：　）	（　：　）	（　：　）
昼	（　：　）	（　：　）	（　：　）	（　：　）
夜	（　：　）	（　：　）	（　：　）	（　：　）
その他				

日（　）	日（　）	日（　）
体重　　　kg	体重　　　kg	体重　　　kg
体脂肪　　％	体脂肪　　％	体脂肪　　％
ben　有・無	ben　有・無	ben　有・無
（　：　）	（　：　）	（　：　）
（　：　）	（　：　）	（　：　）
（　：　）	（　：　）	（　：　）

Beauty memo
「ただいまダイエット中」周囲への宣言が効果的

ダイエットをすると決めたら、思い切って自分はダイエット中だと周囲に宣言しましょう。誰にも言わずにひとりで黙々とはじめても、飲み会や食事の誘いは容赦なくやってきます。角が立つからと断れず、つきあうハメになってはダイエットが台無し。宣言をすることで周囲との人間関係は壊れず、これまでの努力も無駄になりません。

月　　　　　　　　　　　　　ダイエットスタートから　　week 目

日（　　）	日（　　）	日（　　）	日（　　）
体重　　　　　kg	体重　　　　　kg	体重　　　　　kg	体重　　　　　kg
体脂肪　　　　%	体脂肪　　　　%	体脂肪　　　　%	体脂肪　　　　%
ben　　有・無	ben　　有・無	ben　　有・無	ben　　有・無

朝

（　：　）　（　：　）　（　：　）　（　：　）

昼

（　：　）　（　：　）　（　：　）　（　：　）

夜

（　：　）　（　：　）　（　：　）　（　：　）

その他

日（　）	日（　）	日（　）
体重　　　　kg	体重　　　　kg	体重　　　　kg
体脂肪　　　％	体脂肪　　　％	体脂肪　　　％
ben　有・無	ben　有・無	ben　有・無
(　：　)	(　：　)	(　：　)
(　：　)	(　：　)	(　：　)
(　：　)	(　：　)	(　：　)

Beauty memo
正月も連休もお盆休みもダイエットに休みなし

年に何度か訪れる大型連休。家でゴロゴロ過ごし、リバウンドしてしまったという人は少なくないはずです。また忘年会や新年会というイベントが多い時期も同じ。一度身についた悪しき食＆生活習慣は、なかなか元に戻りません。休みが続くからを理由にした、特別扱いはダイエットにはありません。休日も規則正しい生活を心がけて。

月

キレイを呼びこむ♪　今月のBeautyルール

体内周期を知って
停滞期を乗り切ろう

ダイエットに停滞期はつきもの。ダイエットをしたことがある人なら、順調に落ちていた体重がある日突然減らなくなった経験が、誰にでもあるはず。とくに女性は、毎月の生理のサイクルも、体重の増減に深くかかわっています。だからこそ、停滞期のあとには必ず自然と、体の余計な脂肪や水分を排泄しようとする時期もやってくるのです。

　停滞期は焦らず、ゆったりとリラックスして過ごす、ダイエット中の休息期間と考えるのがいちばん。体重が落ちないストレスで、暴飲暴食や過食に走っては、それまでの努力がすべて無駄になってしまいます。だからあきらめないことが肝心。体内周期にあわせ、野菜や大豆製品中心の食事方法を実践したり、体を動かし、沈みがちな気分をリフレッシュする生活スタイルを心がけ、停滞期を上手に、前向きに乗り切りましょう。

未来のHappy Event

日付	Happy Event	目標体重	自分へのご褒美
／		kg	
／		kg	
／		kg	
／		kg	

女性の体の周期とは？
※ここでは生理後の卵胞期を1週目としています。

ダイエット良好期

1週目 卵胞期
生理後～7日間
　生理後の卵胞期は、4週間の中で最も活発に動くことができる絶頂期といわれるとき。ダイエットを始めるのには、絶好のタイミングです。この時期から外食を控え、たんぱく質、食物繊維の豊富な食事をバランス良くとるよう心がけましょう。

2週目 排卵期
排卵日～7日間
　排卵期は、体がデリケートな調整期に入るため、疲れやすくなったり、調子が悪いと感じる人も出てきます。無理な運動は控えつつ、就寝前のストレッチやゆっくりとお風呂に入るなどして、エネルギーを消費しましょう。

ダイエット不調期

3週目 黄体期
生理前の7日間
　ホルモンバランスが崩れる黄体期は、イライラしたり、落ち込んだりと精神的にも不安定になりやすい時期。食欲を抑えられず、甘いものが急に欲しくなったりすることも。また、水分や老廃物が体に溜まりやすく、むくみや体重増加が起こる時ですが、一時的なものです。

4週目 月経期
生理開始～7日間
　生理が始まると体温が下がり、体が冷えやすくなるため、便秘による体重増加に悩む人も出てきます。栄養バランスに配慮しつつ、とくにビタミンB_6、食物繊維、マグネシウムなどを含んだ食事を心がけましょう。体を温める作用のあるしょうがも摂取するといいでしょう。

月 ダイエットスタートから week 目

日 ( )	日 ( )	日 ( )	日 ( )
体重 kg	体重 kg	体重 kg	体重 kg
体脂肪 %	体脂肪 %	体脂肪 %	体脂肪 %
ben 有・無	ben 有・無	ben 有・無	ben 有・無

朝

(:)　　　(:)　　　(:)　　　(:)

昼

(:)　　　(:)　　　(:)　　　(:)

夜

(:)　　　(:)　　　(:)　　　(:)

その他

日 ( )	日 ( )	日 ( )
体重　　　 kg	体重　　　 kg	体重　　　 kg
体脂肪　　 %	体脂肪　　 %	体脂肪　　 %
ben　有・無	ben　有・無	ben　有・無
(　: 　)	(　: 　)	(　: 　)
(　: 　)	(　: 　)	(　: 　)
(　: 　)	(　: 　)	(　: 　)

Beauty memo
質のいい睡眠が
ダイエットをサポート

健康的な食生活を送るには、規則正しい生活リズムが重要。夜更かしなどで睡眠が不足した体では、朝食をとる気になりません。ぐっすり眠り、目覚めのよい朝を迎えてこそ、1日3食の基本リズムがうまれます。質のいい睡眠のためにぬるめのお風呂にゆっくり入ったり、好きな音楽を聴くなど、寝る前に心をリラックスさせましょう。

	月	ダイエットスタートから	week 目

日（　　）	日（　　）	日（　　）	日（　　）
体重　　　　kg	体重　　　　kg	体重　　　　kg	体重　　　　kg
体脂肪　　　%	体脂肪　　　%	体脂肪　　　%	体脂肪　　　%
ben　有・無	ben　有・無	ben　有・無	ben　有・無

朝

（　：　） （　：　） （　：　） （　：　）

昼

（　：　） （　：　） （　：　） （　：　）

夜

（　：　） （　：　） （　：　） （　：　）

その他

日( )	日( )	日( )
体重　　　kg	体重　　　kg	体重　　　kg
体脂肪　　％	体脂肪　　％	体脂肪　　％
ben　有・無	ben　有・無	ben　有・無
(:)	(:)	(:)
(:)	(:)	(:)
(:)	(:)	(:)

Beauty memo
停滞期には、お風呂で ゆっくりリラックス

30分の入浴で消費されるエネルギー量は、約104kcal。普通のスピードで30分歩くより多い消費カロリーです。停滞期には、体重が減らないことで落ち込んだり、イライラしたりしがち。そんな気持ちを落ち着かせるためにも、アロマオイルやお気に入りの入浴剤を使って、ゆっくりとバスタイムを楽しみながらカロリーを消費して。

月   ダイエットスタートから   week 目

日（　　）	日（　　）	日（　　）	日（　　）
体重　　　　　kg	体重　　　　　kg	体重　　　　　kg	体重　　　　　kg
体脂肪　　　　%	体脂肪　　　　%	体脂肪　　　　%	体脂肪　　　　%
ben　　有・無	ben　　有・無	ben　　有・無	ben　　有・無

朝

（　：　） | （　：　） | （　：　） | （　：　）

昼

（　：　） | （　：　） | （　：　） | （　：　）

夜

（　：　） | （　：　） | （　：　） | （　：　）

その他

日（　　）	日（　　）	日（　　）
体重　　　　kg	体重　　　　kg	体重　　　　kg
体脂肪　　　％	体脂肪　　　％	体脂肪　　　％
ben　　有・無	ben　　有・無	ben　　有・無
（　：　）	（　：　）	（　：　）
（　：　）	（　：　）	（　：　）
（　：　）	（　：　）	（　：　）

Beauty memo
毎日体重計に乗ることで ダイエット中を自覚

毎朝、トイレに行った後など、できるだけ決まった時間と条件で体重を計り、記録しましょう。これは、ダイエットを習慣化し、あくまでもダイエット中であることを自覚するための測定。だから体重の増減に、一喜一憂しないことがポイントです。毎日、微妙な体重の変化に振り回され、余計なストレスを感じる必要はありません。

	月	ダイエットスタートから	week 目

日（　　）	日（　　）	日（　　）	日（　　）
体重　　　　kg	体重　　　　kg	体重　　　　kg	体重　　　　kg
体脂肪　　　％	体脂肪　　　％	体脂肪　　　％	体脂肪　　　％
ben　有・無	ben　有・無	ben　有・無	ben　有・無

朝

（　：　）

（　：　）

（　：　）

（　：　）

昼

（　：　）

（　：　）

（　：　）

（　：　）

夜

（　：　）

（　：　）

（　：　）

（　：　）

その他

日 ( )	日 ( )	日 ( )
体重　　　kg	体重　　　kg	体重　　　kg
体脂肪　　　%	体脂肪　　　%	体脂肪　　　%
ben　有・無	ben　有・無	ben　有・無
(:)	(:)	(:)
(:)	(:)	(:)
(:)	(:)	(:)

Beauty memo
ひと口ごとに箸を置き、満腹中枢を刺激して

脳が満腹を感じとるには、食事開始から20分程かかります。それまでに早食いすると、必要以上に量を食べてしまうので、食べはじめをいかにゆっくりと味わうかが重要に。よく噛むためにも、口に食べ物を入れたら1度箸を置きましょう。箸を動かし続けないことが大切です。ゆっくり食べることは、食事マナーの向上にもつながります。

月   ダイエットスタートから   week 目

日（　　）	日（　　）	日（　　）	日（　　）
体重　　　kg	体重　　　kg	体重　　　kg	体重　　　kg
体脂肪　　%	体脂肪　　%	体脂肪　　%	体脂肪　　%
ben　有・無	ben　有・無	ben　有・無	ben　有・無

朝

（　：　）（　：　）（　：　）（　：　）

昼

（　：　）（　：　）（　：　）（　：　）

夜

（　：　）（　：　）（　：　）（　：　）

その他

日（　）	日（　）	日（　）
体重　　　kg	体重　　　kg	体重　　　kg
体脂肪　　％	体脂肪　　％	体脂肪　　％
ben　有・無	ben　有・無	ben　有・無
（　：　）	（　：　）	（　：　）
（　：　）	（　：　）	（　：　）
（　：　）	（　：　）	（　：　）

Beauty memo
体を動かす機会を積極的に見つけよう

食生活の改善とともに、体を動かすことも習慣づけたいもの。電車やバスに乗らず歩く、エレベーターを使わず階段を上る、ぞうきんがけをするなど、運動のチャンスは毎日の生活の中にどこにでもあります。自分にとって無理のないものから始めると、そのうち自然と体をこまめに動かせるように。そうなったらしめたものです。

月

キレイを呼びこむ♪　今月のBeautyルール

日常生活の中で
筋トレしよう

摂取カロリーだけでなく、時には消費カロリーにも注目してみましょう。ちょっと食べ過ぎたかな、と感じた日は、積極的に体を動かして、カロリーを消費する習慣を自然と身につけていくのがダイエットには効果的です。単純に、食べたもののカロリーを消費することで、脂肪にしないという意味もありますが、筋肉量が増えると代謝が高まり、脂肪は燃えやすくなります。摂取カロリーの多い少ないに関係なく、日頃から筋肉をつけておくことで、基礎代謝量が上がれば、体は自然と痩せやすくなっていきます。

　ストレッチやウォーキング、家事や仕事の合間の足踏みでも、毎日続ければ筋力は確実にアップします。とくに血糖値が最も上昇する食後30分以降に運動をすると、血糖がエネルギーに変わるため、食べたものが脂肪

✳ ✳ 未来のHappy Event ✳

日付	Happy Event	目標体重	自分へのご褒美
／		kg	
／		kg	
／		kg	
／		kg	

になりにくくなるといわれています。だからこそ、朝食や昼食をきっちりとることもポイントです。日中、体を動かす時間にしっかり食事をとれば、無理な運動をせずに、基礎代謝量を上げやすい体質に近づけるからです。

エレベーターやエスカレーターに乗らずに階段を使う、通勤通学のバスや電車をひと駅前で降りて歩いてみる、お風呂に入る時、10分長く湯船につかるなど、日常生活を見渡せば、体を動かすチャンスはどこにでもあります。ジムに通わなくても、その小さな積み重ねがダイエット成功のカギを握っているのです。

日常生活での消費カロリーの目安
＊女性の場合

普通に歩く(20分)	**57** kcal
急いで歩く(10分)	**34** kcal
自転車をこぐ(20分)	**69** kcal
ストレッチ(20分)	**43** kcal
風呂掃除(10分)	**32** kcal
入浴(20分)	**26** kcal

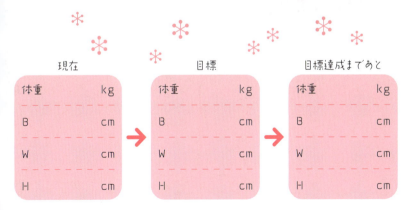

月 　　　　　　　　　　ダイエットスタートから　　week 目

	日（　　）	日（　　）	日（　　）	日（　　）
	体重　　　　kg	体重　　　　kg	体重　　　　kg	体重　　　　kg
	体脂肪　　　%	体脂肪　　　%	体脂肪　　　%	体脂肪　　　%
	ben　有・無	ben　有・無	ben　有・無	ben　有・無
朝	（　：　）	（　：　）	（　：　）	（　：　）
昼	（　：　）	（　：　）	（　：　）	（　：　）
夜	（　：　）	（　：　）	（　：　）	（　：　）
その他				

日（　）	日（　）	日（　）
体重　　　kg	体重　　　kg	体重　　　kg
体脂肪　　％	体脂肪　　％	体脂肪　　％
ben　有・無	ben　有・無	ben　有・無
(　:　)	(　:　)	(　:　)
(　:　)	(　:　)	(　:　)
(　:　)	(　:　)	(　:　)

Beauty memo

"ながらトレーニング"は積み重ねで差をつける

代謝を高めるために習慣づけたい運動は、あくまでもダイエットをサポートするためのもの。だから大げさに考えなくて大丈夫。テレビを見ながら、CMになったらその時間だけ腹筋やストレッチをするだけでも十分です。ながら食いはNGですが、ながら運動はOK。まずはテレビを見るついでに、トレーニングすると決めてみては？

月 　　　　　　　　　　　　　　ダイエットスタートから　　week 目

日 (　　)	日 (　　)	日 (　　)	日 (　　)
体重　　　　kg	体重　　　　kg	体重　　　　kg	体重　　　　kg
体脂肪　　　%	体脂肪　　　%	体脂肪　　　%	体脂肪　　　%
ben　有・無	ben　有・無	ben　有・無	ben　有・無

朝

(　：　) | (　：　) | (　：　) | (　：　)

昼

(　：　) | (　：　) | (　：　) | (　：　)

夜

(　：　) | (　：　) | (　：　) | (　：　)

その他

日（　）	日（　）	日（　）
体重　　　kg	体重　　　kg	体重　　　kg
体脂肪　　％	体脂肪　　％	体脂肪　　％
ben　有・無	ben　有・無	ben　有・無
（　：　）	（　：　）	（　：　）
（　：　）	（　：　）	（　：　）
（　：　）	（　：　）	（　：　）

Beauty memo

過食につながりやすい空腹時の買い物は要注意

空腹で買い物に出かけると、あれこれ食べたい気持ちがわき上がって、つい買い過ぎてしまいがちに。買いだめは、食べ過ぎにつながります。食材の買い物には、事前に必要なものを必ずリストアップして。また、すぐに食べられるものも衝動食いにつながるので、調理しなければ食べられないものだけを買うように心がけましょう。

月 　　　　　　　　　　　　　ダイエットスタートから　　　week 目

日（　　）	日（　　）	日（　　）	日（　　）
体重　　　　kg	体重　　　　kg	体重　　　　kg	体重　　　　kg
体脂肪　　　％	体脂肪　　　％	体脂肪　　　％	体脂肪　　　％
ben　　有・無	ben　　有・無	ben　　有・無	ben　　有・無

朝

（　：　）　（　：　）　（　：　）　（　：　）

昼

（　：　）　（　：　）　（　：　）　（　：　）

夜

（　：　）　（　：　）　（　：　）　（　：　）

その他

日（　）	日（　）	日（　）

体重	kg
体脂肪	%
ben	有・無

体重	kg
体脂肪	%
ben	有・無

体重	kg
体脂肪	%
ben	有・無

(　：　)　　(　：　)　　(　：　)

(　：　)　　(　：　)　　(　：　)

(　：　)　　(　：　)　　(　：　)

Beauty memo
アロマテラピーで太らない体質をキープ

ストレスや生活リズムの乱れから自律神経バランスが崩れると、過食を招き、脂肪を溜めこみやすい体質に。そこで、香りの持つ力で心身のバランスを取り戻す、アロマテラピーを上手に取り入れることもダイエットには有効です。代謝促進、むくみに効果的なグレープフルーツ、食欲を抑えるといわれるイランイランを活用してみて。

月 　　　　　　　　　　　　ダイエットスタートから　　week 目

日（　）	日（　）	日（　）	日（　）
体重　　　　kg	体重　　　　kg	体重　　　　kg	体重　　　　kg
体脂肪　　　%	体脂肪　　　%	体脂肪　　　%	体脂肪　　　%
ben　　有・無	ben　　有・無	ben　　有・無	ben　　有・無

朝

（　：　）　（　：　）　（　：　）　（　：　）

昼

（　：　）　（　：　）　（　：　）　（　：　）

夜

（　：　）　（　：　）　（　：　）　（　：　）

その他

日 ( )	日 ( )	日 ( )
体重　　　　kg	体重　　　　kg	体重　　　　kg
体脂肪　　　％	体脂肪　　　％	体脂肪　　　％
ben　有・無	ben　有・無	ben　有・無
(　: 　)	(　: 　)	(　: 　)
(　: 　)	(　: 　)	(　: 　)
(　: 　)	(　: 　)	(　: 　)

Beauty memo

お手本はバレリーナ
姿勢を正して痩せ体質に

バレリーナの姿勢は、まっすぐ立つことが基本。まっすぐな姿勢をキープするということは、腹筋や背筋をしっかり使っている証拠です。そうやって体に必要な筋肉を自然と使えるようになると、座ったり歩いたりと、日常の中で普通に動くだけでエネルギーを消費しやすい体、つまり痩せやすい体質へと変わっていくことができます。

月 　　　　　　　　　　　　ダイエットスタートから　　week 目

	日 ( )	日 ( )	日 ( )	日 ( )
	体重　　　　kg 体脂肪　　　　% ben　　有・無	体重　　　　kg 体脂肪　　　　% ben　　有・無	体重　　　　kg 体脂肪　　　　% ben　　有・無	体重　　　　kg 体脂肪　　　　% ben　　有・無
朝	(:)	(:)	(:)	(:)
昼	(:)	(:)	(:)	(:)
夜	(:)	(:)	(:)	(:)
その他				

日 ( )	日 ( )	日 ( )
体重　　　kg	体重　　　kg	体重　　　kg
体脂肪　　％	体脂肪　　％	体脂肪　　％
ben　有・無	ben　有・無	ben　有・無
(:)	(:)	(:)
(:)	(:)	(:)
(:)	(:)	(:)

Beauty memo

色のアプローチで
ダイエットを成功させる

食欲は、味覚や嗅覚と同様に、視覚から受ける影響が大。どちらかといえば味気ない少量のダイエット食も、料理をおいしく見せるオレンジや黄色の食器、クロスを用いると、気分が明るくなり、優雅に楽しむことができます。また、不眠には紫、冷えや低血圧には赤やピンクなど、食材の色が体のトラブルを改善することもあります。

月

キレイを呼びこむ♪　今月のBeautyルール

軽めのウォーキングで
リフレッシュしよう

　ウォーキングは、ゆっくり時間をかけながら、体内に酸素を取り入れる有酸素運動です。脂肪は、呼吸で取り入れた酸素によって燃やされ、エネルギーに変換されるため、内臓についた脂肪や皮下脂肪を効率よく燃やすには、ウォーキングがよいとされています。

　もちろんウォーキングは、体脂肪を燃焼させるだけでなく、心肺機能や筋力を高めます。歩くことで血液循環がよくなり、体のすみずみにまで血液が送られると、あらゆる細胞がエネルギーを消費するようになり、つまりは基礎代謝量がアップ。そのため、太りにくい体質になるというメリットがあるのです。基礎代謝量が高まれば、使われずに脂肪に変わるエネルギーが減ります。健康的で手軽、そして無理なく痩せ体質になれることからも、ウォーキングを楽しむ人が増えている理由がわかるでしょう。

未来のHappy Event

日付	Happy Event	目標体重	自分へのご褒美
／		kg	
／		kg	
／		kg	
／		kg	

　また、ウォーキングのような連続運動を行うと、癒やしホルモンといわれるセロトニンが脳内に分泌されます。セロトニンは、ストレスに関係する神経に働き、精神を安定させる作用があります。とくにダイエットの停滞期などにウォーキングを行うと、イライラを静め、心を安定させるセラピー効果をもたらしてくれることも。体重が落ちない焦りや不安の解消も、期待できます。ただ、より高いダイエット効果を求め、ハードな歩き方をして体に無理が生じては、なんの意味もありません。

　ゆったりと深く呼吸をしながら、無理のないペースで歩くことがポイント。歩くことでウエイトダウンするというよりも、心身ともにリフレッシュすることを目的にしましょう。そうすれば、見慣れた街の風景も新鮮に映り、歩くたびにダイエットへの意欲がわき上がってくるでしょう。

現在		目標		目標達成まであと	
体重	kg	体重	kg	体重	kg
B	cm	B	cm	B	cm
W	cm	W	cm	W	cm
H	cm	H	cm	H	cm

月   ダイエットスタートから   week 目

日（　　）	日（　　）	日（　　）	日（　　）
体重　　　　kg	体重　　　　kg	体重　　　　kg	体重　　　　kg
体脂肪　　　%	体脂肪　　　%	体脂肪　　　%	体脂肪　　　%
ben　　有・無	ben　　有・無	ben　　有・無	ben　　有・無

朝

（　：　） （　：　） （　：　） （　：　）

昼

（　：　） （　：　） （　：　） （　：　）

夜

（　：　） （　：　） （　：　） （　：　）

その他

日（　）	日（　）	日（　）
体重　　　　kg	体重　　　　kg	体重　　　　kg
体脂肪　　　%	体脂肪　　　%	体脂肪　　　%
ben　　有・無	ben　　有・無	ben　　有・無
(　：　)	(　：　)	(　：　)
(　：　)	(　：　)	(　：　)
(　：　)	(　：　)	(　：　)

Beauty memo
毎晩のバスタイムは キレイを磨く絶好タイム

夜のお風呂は、シャワーだけよりも湯船にきちんとつかり、体をしっかり温めたいもの。それだけで、睡眠中も代謝が上がり、血液循環がうながされます。熱めのお湯に入ってたくさん汗をかけば、老廃物も排出され、肌もキレイに。月に1度エステに足を運ぶより、毎日ゆとりのあるバスタイムを実践するほうが、美容にも効果的です。

月   ダイエットスタートから   week 目

	日（ ）	日（ ）	日（ ）	日（ ）
	体重　　　　kg	体重　　　　kg	体重　　　　kg	体重　　　　kg
	体脂肪　　　%	体脂肪　　　%	体脂肪　　　%	体脂肪　　　%
	ben　　有・無	ben　　有・無	ben　　有・無	ben　　有・無
朝	（　：　）	（　：　）	（　：　）	（　：　）
昼	（　：　）	（　：　）	（　：　）	（　：　）
夜	（　：　）	（　：　）	（　：　）	（　：　）
その他				

日（　）	日（　）	日（　）
体重　　　kg	体重　　　kg	体重　　　kg
体脂肪　　％	体脂肪　　％	体脂肪　　％
ben　有・無	ben　有・無	ben　有・無
(　：　)	(　：　)	(　：　)
(　：　)	(　：　)	(　：　)
(　：　)	(　：　)	(　：　)

Beauty memo

チャーミングな笑顔が美人度アップの決め手

笑うことは、美容や健康に効果があると医学的にも証明されています。たとえば、笑うことで精神が安定し、自律神経が正常に働くと、内臓機能のバランスが整い、血行を促進。そうすると、女性特有の便秘や冷えの悩みが改善されていきます。また、たくさん笑うと顔の表情筋が鍛えられ、肌がリフトアップ。小顔効果も期待できます。

月　　　　　　　　　　　　　　　　　　ダイエットスタートから　　week 目

日（　　）	日（　　）	日（　　）	日（　　）
体重　　　　kg	体重　　　　kg	体重　　　　kg	体重　　　　kg
体脂肪　　　　%	体脂肪　　　　%	体脂肪　　　　%	体脂肪　　　　%
ben　　有・無	ben　　有・無	ben　　有・無	ben　　有・無

朝
（　：　）　（　：　）　（　：　）　（　：　）

昼
（　：　）　（　：　）　（　：　）　（　：　）

夜
（　：　）　（　：　）　（　：　）　（　：　）

その他

日（　　）	日（　　）	日（　　）
体重　　　　kg	体重　　　　kg	体重　　　　kg
体脂肪　　　％	体脂肪　　　％	体脂肪　　　％
ben　有・無	ben　有・無	ben　有・無
(　:　)	(　:　)	(　:　)
(　:　)	(　:　)	(　:　)
(　:　)	(　:　)	(　:　)

Beauty memo
炒め物には調理前の電子レンジがポイント

油の量が少ないと、火が通りにくい炒め物。炒める油の量を少しでも減らしたい時は、電子レンジで野菜などの食材を1度加熱しておくといいでしょう。加熱したことにより、炒める時間を短縮できるので、自然と油の使用量を抑えることが可能になります。ダイエット効果をあげ、おいしく食べるためのひと工夫を惜しまないで。

月　　　　　　　　　　　ダイエットスタートから　　week 目

日 (　　)	日 (　　)	日 (　　)	日 (　　)
体重　　　　kg	体重　　　　kg	体重　　　　kg	体重　　　　kg
体脂肪　　　%	体脂肪　　　%	体脂肪　　　%	体脂肪　　　%
ben　有・無	ben　有・無	ben　有・無	ben　有・無

朝

(　:　)　(　:　)　(　:　)　(　:　)

昼

(　:　)　(　:　)　(　:　)　(　:　)

夜

(　:　)　(　:　)　(　:　)　(　:　)

その他

日( )	日( )	日( )
体重　　　kg	体重　　　kg	体重　　　kg
体脂肪　　％	体脂肪　　％	体脂肪　　％
ben　有・無	ben　有・無	ben　有・無
(:)	(:)	(:)
(:)	(:)	(:)
(:)	(:)	(:)

Beauty memo
外食では定食、幕の内弁当を選ぼう

主食とおかずが分かれた定食や幕の内弁当は、栄養のバランスがよく、ごはんとおかずの分量を調整しやすいので、1品で高カロリーなパスタやピラフより、カロリーダウンが容易なメニュー。ダイエット中の外食にはもってこいです。また、食べる時には、お腹がふくらみやすい汁物を加え、最初に汁物から食べるとなおベターです。

月　　　　　　　　　　ダイエットスタートから　　　week 目

日（　　）	日（　　）	日（　　）	日（　　）
体重　　　kg	体重　　　kg	体重　　　kg	体重　　　kg
体脂肪　　　％	体脂肪　　　％	体脂肪　　　％	体脂肪　　　％
ben　有・無	ben　有・無	ben　有・無	ben　有・無

朝

（　：　）　（　：　）　（　：　）　（　：　）

昼

（　：　）　（　：　）　（　：　）　（　：　）

夜

（　：　）　（　：　）　（　：　）　（　：　）

その他

日（　）	日（　）	日（　）
体重　　　　kg	体重　　　　kg	体重　　　　kg
体脂肪　　　％	体脂肪　　　％	体脂肪　　　％
ben　　有・無	ben　　有・無	ben　　有・無
(　：　)	(　：　)	(　：　)
(　：　)	(　：　)	(　：　)
(　：　)	(　：　)	(　：　)

口笛ウォーキングで
軽やかに脂肪を燃焼

基礎代謝量を上げることで人気のウォーキングに口笛をプラスすると、さらにダイエット効果がアップ。それは口笛は、体脂肪を燃焼させるのに効果的な腹式呼吸が自然と行えるためです。息を吸い、しっかり吐くことで横隔膜が上下に動くと、腸が刺激を受けます。便を押し出すぜん動運動により、便秘の解消にもつながります。

Beauty memo

✳✳✳ Weight 記録グラフ ✳✳✳

月

	kg													
	1	2	3	4	5	6	7	8	9	10	11	12	13

月

	kg												
	1	2	3	4	5	6	7	8	9	10	11	12	1

月

	kg											
	1	2	3	4	5	6	7	8	9	10	11	12

月

	kg											
	1	2	3	4	5	6	7	8	9	10	11	12

生理日には○をつけて、自分のカラダのリズムを知っておくとさらに便利です。

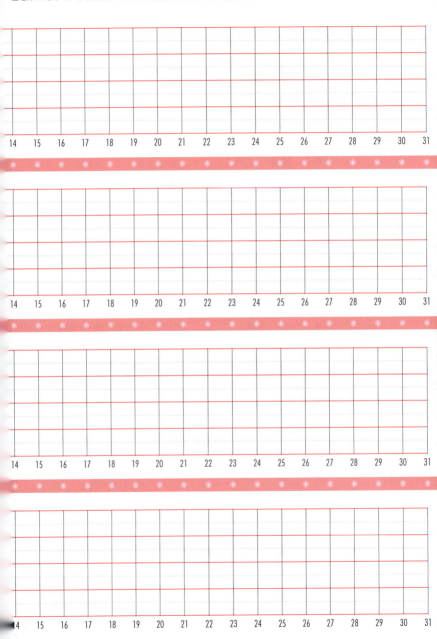

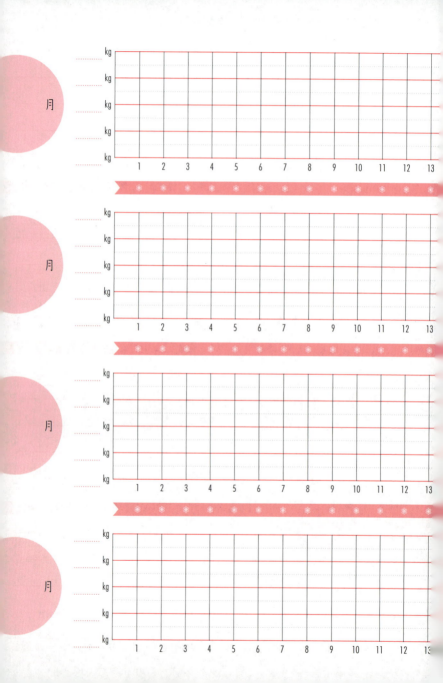

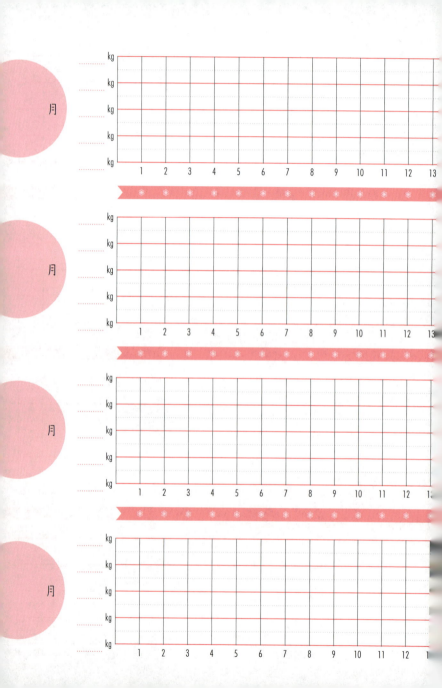

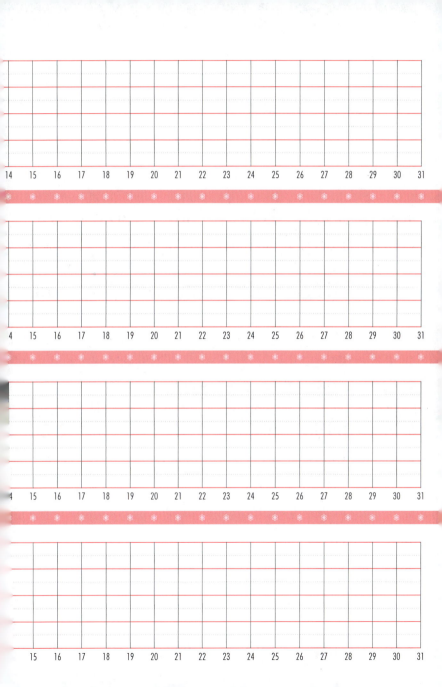

和食

料理	kcal
豚の生姜焼き	340
トンカツ	467
鶏の照り焼き	235
あじの塩焼き	102
ぶりの照り焼き	279
すきやき	278
豚汁	112
きつねうどん	372
かき揚げそば	409
ざるそば	330
ぶり大根	289
肉じゃが	258
焼きなす	42
きんぴらごぼう	79
海藻サラダ	85
目玉焼き	113
ひじきの煮物	50
鶏の唐揚げ	280
天丼	617
ごはん一膳	168

✳✳✳ 食品別 Calorie Guide ✳✳✳

中華・おつまみ

料理	kcal
ラーメン	450
冷やし中華	595
五目チャーハン	602
あんかけ焼きそば	731
中華丼	609
ギョウザ	225
シュウマイ	251
麻婆豆腐	261
チンジャオロースー	251
えびのチリソース	165
麻婆なす	238
レバニラ炒め	192
肉だんご	305
酢豚	334
イカリング	224
ボイルウインナー(3本)	161
手羽先の唐揚げ	148
カツオのたたき	122
サーモンマリネ	122
もろきゅう	58

洋食・サラダ

ハンバーグステーキ	348 kcal
牛ステーキ	768 kcal
クリームコロッケ	370 kcal
ローストビーフ	163 kcal
エビフライ	307 kcal
シーフードグラタン	429 kcal
コーンポタージュ	182 kcal
ビーフシチュー	482 kcal
カレーライス	580 kcal
チキンライス	525 kcal
オムレツ	194 kcal
ドリア	758 kcal
ミネストローネ	90 kcal
ロールキャベツ	242 kcal
鶏肉のクリーム煮	480 kcal
ローストチキン	434 kcal
スペアリブ	590 kcal
シーザーサラダ	120 kcal
トマトと玉ねぎのサラダ	93 kcal
イタリアンサラダ	176 kcal

ここでは食事の種類別にカロリーの目安を表示しています。
すべて1人前のカロリーです。外食時の参考にしてください。
※カロリーの数値は、『カロリー早わかりダイエット手帳』(永岡書店)を参考にしています。

軽食・スイーツ

ハンバーガー	259 kcal
チーズバーガー	310 kcal
フライドポテト(M)	409 kcal
杏仁豆腐	74 kcal
メロンパン	413 kcal
ツナサンド	203 kcal
どら焼き	217 kcal
ミントガム(1粒)	10 kcal
ドーナツ	233 kcal
肉まん	246 kcal
あんまん	324 kcal
コーヒー(無糖)	5 kcal
カフェラテ(無糖)	90 kcal
ショートケーキ	258 kcal
クロワッサン	257 kcal
ロールパン	94 kcal
あんみつ	222 kcal
アイスクリーム(バニラ)	144 kcal
ヨーグルト(無糖)	58 kcal
プリン	199 kcal

監修＊岩﨑啓子（管理栄養士）
管理栄養士、料理研究家。
栄養学に基づいた健康レシピから手軽な家庭料理まで多彩なレシピを提案し、
雑誌、書籍などで幅広く活躍中。
『毎日おいしい！ たんぱく質おかず』『365日和のおかず』（ともに弊社刊）、
『鍋、フライパンで蒸し料理大全』（河出書房新社）、
『徹底解剖！ 野菜のおいしい食べ方大全』（ナツメ社）など著書多数。

イラスト ＊＊ 河村ふうこ
デザイン ＊＊ 野田明果
校正 ＊＊＊ 西進社
ライター ＊＊ 山田菜見子

書くだけでやせる
Beauty diet note ＊
＊
2025年5月10日　第1刷発行

監修者 ＊ 岩﨑啓子
発行者 ＊ 永岡純一
発行所 ＊ 株式会社永岡書店
　　　　　〒176-8518　東京都練馬区豊玉上 1-7-14
　　　　　代表 03（3992）5155
　　　　　編集 03（3992）7191
ＤＴＰ ＊ センターメディア
印　刷 ＊ 誠宏印刷
製　本 ＊ ヤマナカ製本

ISBN 978-4-522-44294-4 C0000

落丁本・乱丁本はお取り替えいたします。
本書の無断複写・複製・転載を禁じます。